산만한 아이는 머리가 좋다

# 思维散漫的孩子更聪明

一位韩国母亲12年同步辅导孩子学习的教子手记

[韩] 郑允舒（Jeong Yun Seo）◎著
黄进财◎译

重庆大学出版社

**图书在版编目（CIP）数据**

思维散漫的孩子更聪明 /（韩）郑允舒著；黄进财译.
—重庆：重庆大学出版社，2014.9
ISBN 978-7-5624-8120-1

Ⅰ. ①思… Ⅱ. ①郑… ②黄… Ⅲ. ①儿童教育—家庭教育 Ⅳ. ①G78

中国版本图书馆CIP数据核字（2014）第071313号

**思维散漫的孩子更聪明**
Siwei Sanman De Haizi Geng Congming
〔韩〕郑允舒（Jeong Yun Seo） 著
黄进财 译
策划编辑：余筱瑶
责任编辑：李桂英 版式设计：余筱瑶
责任校对：谢 芳 责任印制：赵 晟

*

重庆大学出版社出版发行
出版人：邓晓益
社址：重庆市沙坪坝区大学城西路21号
邮编：401331
电话：（023）88617190 88617185（中小学）
传真：（023）88617186 88617166
网址：http://www.cqup.com.cn
邮箱：fxk@cqup.com.cn（营销中心）
全国新华书店经销
重庆市联谊印务有限公司印刷

*

开本：890×1240 1/32 印张：7.875 字数：136千
2014年9月第1版 2014年9月第1次印刷
ISBN 978-7-5624-8120-1 定价：29.80元

---

# 序　言

## 观察思维散漫的孩子将会发现他们强烈的好奇心

进入孩子的房间就好像来到学校教室一样，一股泥土的味道扑面而来。在书桌前面贴着房间主人的模拟考试成绩单，虽然这样做的目的是为了让孩子好好反省，但是每次进入那个房间却感觉像是在让我反省一样。

韩国的学生家长都对成绩非常敏感，他们最希望的就是孩子头脑聪明，在学习方面游刃有余，自然我也不例外。但是艺珍从小就非常淘气，思维也比较散漫。古语讲“在家里漏水的瓢到外面同样漏水”，但是艺珍却不一样。艺珍在家里是个很听话、很善良的孩子，但是只要到外面就总能惹出一些事来。有一句话说“只有妈妈不了解自己的孩子”，说得一点没错，这就是当时我们的真实写照。

我一个朋友的孩子读了很多书，性格文静，长得也很漂亮，而且还在庆熙大会上得了奖，站在大人们面前也能够大大方方、声音洪亮地发表自己的意见。每当看到这些，我内心就非常惊叹和羡慕。但是旁边的淘气包艺珍却好像丝毫没有感受到妈妈的竞争心和羡慕之情，一心只想着跟小朋友们一起玩。刚开始的时候我会训她一顿甚至是打她一顿，但是慢慢地我发现在这种高强度的压迫之下艺珍的行为依然没有任何变化，淘气劲儿一上来甚至会忘记吃饭。看着孩子红扑扑的小脸变得如白纸一样惨白，我心里非常苦恼。对我来说，孩子的教育成为了一个挥之不去的大难题。

看到艺珍，周围邻居的眼神就好像在说“这孩子那么散漫，学习能好吗？”但是我并不气馁，觉得那只是他们的偏见。从那个时候起，我便开始认真观察起艺珍来。在观察艺珍行为的过程中我渐渐了解到，虽然她个性比较淘气，但是对周围事物的好奇心却比较重，任何事物都想一探究竟。经过一段时间的观察，我发现她总是热衷于将洋娃娃划开，把金鱼的肚子弄破，甚至是解剖青蛙等。别人看到也许会说这孩子完全就是一个淘气包，但是我觉得她只是出于对生物内部结构的好奇才会有这一系列的行为。于是我判断艺珍比较适合朝着医学或生命科学方向发展，决定在辅导她学习的过程中要好好利用她的好奇心。

同时，我还观察到艺珍内心很希望自己的成绩能够变好，只不过遗憾的是她对于所学的内容理解能力较差，学习收效甚微，长此以往，好奇心和热情便转向了其他方向。

我开始寻找适当的方法将艺珍的好奇心重新转移到学习上来。对于学习中遇到的问题，我不断解释给她听，直到她能够理解为止。这样，一旦理解了课堂上老师所讲的内容，她立马就对学习产生了兴趣。然后再以兴趣为跳板，开始培养孩子集中注意力的好习惯。经过一段时间的实践，艺珍的学习有了很大的进步。虽然她在学习方面不是特别有天分，但是自从将好奇心转化为注意力之后，在没有其他人帮助的情况下也能够自觉学习。当养成了自觉学习的好习惯之后，艺珍在学习方面开始尽自己最大的努力，并最终取得了令人满意的成绩。这种好习惯，在艺珍进入大学之后依然继续保持着。我从她身上看到了自信，看到了把握自己生活和未来的信心。

最初面对成绩不好的艺珍和以教科书为主的学习方式，想到要和江南的孩子们竞争，说实话我的心理压力很大。看到每次都在竞争中处于下风而失望的艺珍，我心里面非常焦急和不安。经过一番思考，我决定利用先人们的教诲——教育要首先观望然后制订计划，对孩子进行指导。教育孩子最重要的是要选对方法。

我没有让艺珍上补习班，主要是考虑到当前以教科书为主的学习方式很无趣且不太科学，但是令我感到欣慰的是，看到艺珍的学习成绩虽然没有提高，对学习的态度却转变了，学习的时候能够深入进去，而且在座位上认真学习的时间也越来越长。更让我感到欣慰的是，为了解决难度较大的应用题，艺珍懂得自己想办法灵活利用多种学习工具。对所学的内容进行彻底地消化，真正变成自己的东西，这才是学习的最终目的。在这一过程中，艺珍胖嘟嘟的脸蛋儿和让人头疼的淘气劲儿也在不知不觉中消失了。

艺珍高考的那一天，在持续了很久的寒流侵袭中，突然变得天气晴朗、阳光明媚，道路两旁的黄色银杏树叶在阳光下反射出耀眼的光芒。被紧张情绪所包围的考生们扰攘着陆陆续续地进入了考场，只有警车和应急救护车辆静静地守护在校门口。学校两旁的道路渐渐安静了下来，我站在那里呆呆地望着学校教室，在那一刻突然觉得有点对不起孩子。

在其他孩子上江南的各种补习班的时候，艺珍只能回到家里和我一起翻开教科书，依靠固执且原则性很强的我以及教科书和网络来学习。所以在那一瞬间，我突然很害怕艺珍会因为我、因为考试结果而怨恨这个世界，更让我担心的是怕她对自己绝望。

对教育的理想随着经历大学入学考试这一现实在慢慢地接近，这开始让人心里觉得恐惧，所有的坚持和信心也将在那一瞬间倒塌。我想这应该是很多家长都经历过的一个阶段。站在落满黄色银杏树叶的高考考场外，我的心也被焚烧得一片焦黄。

值得庆幸的是，艺珍最终考入了西江大学的生命科学专业。

这本书中，面对对学习没有兴趣、理解能力较差的思维散漫的孩子，如何才能培养他们自主学习的好习惯，怎样才能通过以教科书为主的学习方式来取得理想的学习效果等问题，都进行了详细的技巧说明和阐述。

在对艺珍进行观察的初期，我觉得这个世界上，面对理解能力和注意力较差的思维散漫的孩子，只有一个人能够找到适合孩子的学习和教育方法，那就是能够充分理解孩子、仔细观察孩子特性，并且有耐心对孩子进行指导和教育的妈妈。

就像我为了艺珍自然而然地在家里对其进行指导，既当妈妈又当老师一样，我认为其他一些觉得自己孩子思维比较散漫的妈妈们也需要下定决心亲自辅导孩子，做好妈妈的本分，对孩子的未来负起责任。

匠人即使看到粗糙的顽石也有信心能将它们打磨成闪闪发光的宝石，作为妈妈我们也要有一双能够媲美于匠人的眼睛，努力发现孩子的闪光之处。如果觉得自己的孩子思维比较散漫，我希望妈妈们能够好好观察他们的行为，充分了解孩子的特性和好奇心。因为对于孩子来说，只要拥有好奇心就相当于拥有巨大的可能性。

就像艺珍一样，只要选对了方法，他们也极大可能对学习产生兴趣，在学习的时候养成集中注意力的好习惯，甚至你会发现他们在运动或艺术等其他领域拥有巨大的潜力和可能性。因此，为了避免成为忽视孩子潜能、埋没孩子才能的父母，我们要珍视孩子，给予他们更多的关注和关心。

虽然艺珍思维比较散漫，也没有额外进行课外辅导，但是我相信在如今竞争激烈的教育环境下经验是互通的。虽然在教育艺珍的过程中存在很多不足，但我依然希望自己的经验能够对其他人有所帮助。

郑允舒

# 译者序

古往今来，教育一直在社会生活中扮演着重要的角色，与人类文明和社会发展密不可分。特别是在当今知识经济时代，教育的作用越来越突出，成为衡量社会生产力的一项重要标准。中国有句古话叫“一岁看大，三岁看老”，因此对孩子的教育，关系到他们的未来，甚至是一生。这就要求我们必须要严肃对待孩子的教育问题，努力使他们树立正确的人生观、世界观、价值观。

在大千世界中，每个人作为一个独立的个体，都具有自身特有的品质和特点。因此在面对孩子的教育问题时，我们要看到每个孩子的特殊性，找对方法，真正做到因材施教，才能取得最好的教育效果。对于孩子来说，他们具有很强的可塑性，家长们不必因为孩子暂时不尽如人意的学习状态而过分担心和苦恼，要始终对孩子抱有信心，仔细观察孩子的行为和状态，找到他们的兴趣和好奇心所在之处，进而对症下药。同时，在教育和指导孩子学习的过程中，我们要了解和把握孩子擅长的科目和稍微欠缺的科目，进而根据实际情况有所取舍，力求达到最好的学习效果。

在本书中，作者通过记录女儿日常学习生活中的点滴，向我们展示了一种独特的教育理念和教育方法，并最终通过女儿取得的成果证明了这套方法的可行性。作者的女儿从小生性相对较为散漫，且对学习内容的理解和接受能力不强，成绩一直不突出，因此作者努力观察女儿的行为并最终找到了兴趣所在之处，为女儿找到了未来的学习方向和奋斗目标，为女儿量身打造的教育理念和方法，最终把女儿送入了名牌大学。

相信通过这本书，家长们一定会感同身受，收获颇丰。根据作者的经验，找到一种适合自己孩子的学习方法，使孩子端正学习态度，树立正确的学习目标和积极的人生态度，最终达到教育的真正目的。

衷心祝愿各位家长们在教育子女方面能够找到正确的方法，培养出国家和民族需要的栋梁之才。

最后，借此机会感谢为本书辛勤工作的余筱瑶编辑，感谢四川外国语大学朝鲜语专业王倩倩、崔香、王礼亮、康杰教授，特别感谢朝鲜语专业研究生张楠为本书的翻译工作作出的贡献。

黄进财

2013 年 12 月

# 目 录

## 第三章　培养孩子注意力的小秘诀 // 81



## 第四章　专门为思维散漫的孩子准备的入学考试检查站 // 147

# 第一章

# 思维散漫的艺珍

## 上了英语补习班却不认识字母的孩子

十几年前，当我的女儿艺珍还在上小学一年级的时候，学校曾经开设了一门叫作“学生家长参观课”的课程。在课堂上看着性格多样的孩子，让人忍不住发出这样一种感叹：“啊！现在要开始受罪啦！”在老师讲课期间，学生家长都站在教室的后面参观。上了年纪的女教师在教学方面很有一套，对学生很亲切，孩子们在上课时都听得津津有味。

但是在上课期间，有两个学生不停地捣乱让老师很是头疼。

虽然老师和蔼地提醒了很多遍，但是那两个孩子却好像完全没有听到老师的话，依然我行我素。艺珍就是这两个学生中的其中一个。看到艺珍一刻也安静不下来，我站在教室后面束手无策，完全不知道该如何应对。艺珍在家里很听话，性格也比较活泼开朗，我完全不能想象她竟然在课堂上扰乱秩序，因此看到这样的情形让我一时间无比慌张和惊讶。

从学校回来之后，艺珍像个准备受审的犯人一样坐在沙发上，身子挺得笔直。在这期间我一直给朋友打电话，诉说着满肚子的苦水。

“从大早上就开始操心，给她打扮，挑选衣服，没想到却出去丢人。啊！这要怎么办呢？我实在是不能理解为什么这孩子在家和在学校的表现会有这么大的差别。”

看着平时被我疼到骨子里的艺珍，第一次对她产生了一丝厌烦情绪。

在艺珍上幼儿园的时候我没有亲眼看到过她在学校里是什么样子，现在想来出现这种情况的很大一部分原因可能是因为艺珍对学校生活不是很适应。

在我家附近有一个著名的母语授课英语补习班。在这里，工作人员用模型制作了与实物相似的卫生间、厨房、市场等，通过实际生活来教授英语。目的是首先让孩子们对英语产生兴趣，然后在轻松愉悦的氛围中进行英语学习。在当时，这种母语人士授课的补习班还没有几个。

我觉得这种教学方法也许能够成为让生性淘气的艺珍对学习产生兴趣的一个良好契机，因此抱着这种心理我将她送到了这所补习班，开始对其进行早期英语教育。艺珍从补习班回来之后，我听着她犹如原语民一般的发音很是惊讶和欣慰，心想这种教育方式看来很适合艺珍，便放下心来。但是上了六个月左右的补习班之后，问题出现了。一次在和艺珍一起看电视的时候，我指着屏幕上出现的英文字母问艺珍怎么读，她却回答不上来。

“艺珍，你真的连这个都不知道吗？”

“史蒂芬老师说不知道这些也没有关系！”

“再怎么说也要认识字母才行啊！”

“什么呀，不是说了不知道也可以的嘛！不然你亲自去问史蒂芬老师！”

听了艺珍理直气壮的回答，我虽然不能理解，但还是安慰自己说也许这是一种试图从以语法为主的学习向以会话为主的学习进行转变的新型教学方法，只是我一时不能理解和接受这种变化而已。我对这件事一直耿耿于怀，最终抱着怀疑的态度向一个朋友打听了一下，她的孩子和艺珍在同一个补习班。

“雅娴也不认识字母吗？”

“艺珍只是有点淘气才这样，你也不用太着急，慢慢会好的。”

面对我的提问，朋友给出了这样的回答。

“也是，孩子淘气才有孩子的样儿嘛，越是这样越有创造力。”

这个朋友与我住在同一所公寓，她的孩子和艺珍同岁，因此免不了会将两人比较一番。和朋友的女儿相比，艺珍显得格外淘气，而且还不爱读书。每次见到这位朋友的时候我总是故意将尴尬的心情掩藏起来，装作泰然自若、满不在乎的样子。

后来我仔细琢磨了朋友的话，总感觉她的话里包含了一些其他意思，因此对艺珍在补习班的学习状况越来越好奇。为了亲眼验证一下，我去了补习班。由于补习班的教室全部是用玻璃隔开的，因此在外面对孩子的一举一动都能看得清清楚楚。

艺珍口中的史蒂芬老师正在上课，大部分孩子都盯着老师在认真地听讲，艺珍却把听课这回事抛在脑后，只顾着和其他小朋友玩闹。史蒂芬老师使劲瞪着他们，将手指放在嘴上，做了一个“嘘”的动作，示意他们注意，不过艺珍却毫不关心，丝毫不为所动。我原本以为，艺珍淘气是与生俱来的天性，想要短时间内得到改变难度非常大。如果去授课方式比较有意思的补习班上课的话，也许她慢慢地会对学习产生兴趣。但是在我看到的这一瞬间，所有的希望都破灭了。

艺珍在家里很听话，而且也没有表现出不喜欢学习，我想她一到学校或补习班就变得特别散漫，一定是有原因的。仔细想了几天，我觉得可能是因为艺珍对老师所讲的内容不太理解所造成的。因为艺珍在最初学习韩字和数字的时候也是反反复复地给她讲了很多遍才能记住。只不过在学校或补习班的时候，就算她不能理解，老师依然会按照自己的进度来讲课，所以时间一长她就对学习失去了兴趣，上课时无法集中注意力，只能不断地调皮捣蛋来打发时间。

就算是上再好的补习班，如果艺珍的学习态度不转变的话，一定会时不时地惹出一些问题，妨碍其他孩子上课。因此我便不再要求她上补习班，而是给她出一些试题，在家里亲自进行辅导。

在江南，如果妈妈亲自辅导孩子学习的话，一般会出现两种声音，“看来孩子头脑很聪明啊”，或者是“看来妈妈很有能力啊”。但是，当时我们显然不属于这两种情况中的任何一种。只是我自己觉得，最了解艺珍的人就是我，如果我亲自进行辅导和教育的话，效果会比其他任何一种方法都要好。

最近，将艺珍送入大学让我沉浸在成就感之中，却遇到了一件烦心事。我认识一位女医生，在一次聊天的时候她对我说在这个世界上自己最讨厌的人就是妈妈。

“啊！今天又和一把年纪的妈妈吵了一架。我说艺珍妈妈你也要好好反省一下，艺珍在和你一起学习的期间该有多烦啊，那简直就是种折磨啊！在家里，妈妈的职责不就是让孩子舒心吗？妈妈亲自来教育……这种事情我也经历过，所以感同身受，是很不应该的。我到现在还经常和妈妈吵架，活脱脱的一个受害者。说不定艺珍现在也在怨恨你呢！”

女医生的话说出了 α（阿尔法）妈妈，也就是对孩子的所有事情都要进行干涉的妈妈们的毛病。听了这些话，我小心翼翼地问已经上大学的艺珍，是不是心里也这么觉得。

“妈妈，如果没有你的话，我都不敢想象自己现在是什么样子。虽然主要是因为我头脑聪明才走到现在的，呵呵……但是妈妈，并不是所有的孩子都是一样的，在我心里，与其说妈妈是老师，还不如说是朋友更加贴切，所以你就不要担心啦！”

现在孩子们的学习方法和学习范围已经与父母那一代有了很大的差别，妈妈们对孩子的期望越来越高，因为她们知道当前的教育现状。所以，我觉得女医生所说的问题只是那个时代的问题，与现在并不一样。

对于无法坐视不管散漫的孩子，开始对孩子亲自进行教育和指导的妈妈们来说，这条路并不好走。在这个过程中，面对丝毫不见起色的成绩，我和艺珍经常发生争执。我常常苦恼，现在的方法到底是不是正确的？是不是要上专门的教育机构呢？但是慢慢地，这种教育方式开始出现成效，艺珍的成绩逐步提高，学习态度也慢慢端正了。有时候我让她自己一个人学习，她也会乖乖地照做。

艺珍在学习中遇到不懂的问题时，我总是尽心地给她讲解，直到她能够理解为止。从这一点上来说，我就是她的老师。但是大部分时间我是让她看电脑上的授课视频，出试题让她做，对于错误的部分在课本上找到相应的内容然后给她解答，所以严格来说我只能算是一个协助者。

虽然那段时间过得很不容易，但是能让一刻也安静不下来、调皮散漫的艺珍自觉地学习，并且体会到学习的乐趣，现在想想，看来我亲自对她进行辅导，成为她的协助者和老师是一个非常正确的选择。

自从我开始在家里辅导艺珍之后，她每个学期的成绩并没有特别大的进步，但是最终进入了自己梦想的大学，直到现在依然十分努力。从这一方面来看，我觉得作为老师的妈妈们，不要过分执着于眼前的成绩，要制订好计划，把眼光放得长远一些，这才是应该有的姿态。

## TIP 孩子的注意力达到哪种程度？

请根据下面的表格测试孩子是不是注意力不集中、思维散漫。虽然结果并不绝对，但是父母们可以大概了解一下自己的孩子在哪种程度。

| | 否 | 偶尔 | 经常 | 一直 |
|---|---|---|---|---|
| 1. 经常发呆走神 | | | | |
| 2. 忽视细微部分，经常失误 | | | | |
| 3. 不能按照顺序做作业或做事 | | | | |
| 4. 不注意倾听他人讲话 | | | | |
| 5. 做事不及时，花费时间多 | | | | |
| 6. 经常丢学习用品、雨伞等物品 | | | | |
| 7. 不能一次性做完作业 | | | | |
| 8. 不喜欢多动脑筋的活动 | | | | |
| 9. 刚学的东西很快就会忘记 | | | | |
| 10. 没有恒心，经常做着一件事马上转入下一件事 | | | | |
| 11. 做事不能保持安静 | | | | |
| 12. 不能遵守游戏规则，随心所欲 | | | | |
| 13. 问题还没有说完就开始回答 | | | | |
| 14. 妨碍、干涉他人的活动 | | | | |
| 15. 喜怒无常，情绪变化大 | | | | |
| 16. 过分啰唆 | | | | |

| | 否 | 偶尔 | 经常 | 一直 |
|---|---|---|---|---|
| 17. 容易兴奋、发火、哭闹 | | | | |
| 18. 不能长时间静坐，总是动来动去 | | | | |
| 19. 有要求时一定要得到满足才行 | | | | |
| 20. 行动先于想法 | | | | |

- 否 0 分　偶尔 1 分　经常 2 分　一直 3 分
- 38 ~ 60 分　注意力严重不足
- 21 ~ 37 分　注意力稍微不足
- 10 ~ 20 分　注意力一般
- 0 ~ 9 分　注意力非常集中

资料出处：韩国注意力中心 www.ikcc.co.kr

## 在解剖青蛙中所发现的才能

对艺珍来说，将洋娃娃的头发拽掉、身子揪掉，将客厅里的壁纸撕掉，将收音机拆得七零八落，甚至把金鱼的肚子划开等，简直是家常便饭。

“这孩子到底像谁啊？况且还是个女孩子！”

周围总是响起类似的声音，对我来说已经见怪不怪了。我坚信艺珍有她自己特有的优势，因此从来没有想过要放弃，而是一直坚持在家里对艺珍进行辅导，直到她对所学的内容理解透彻为止。不知不觉中艺珍认识了字母，作业质量也越来越高，甚至连汉字也记住了不少。当时的小学有期中考试和期末考试，因此放学后为了巩固在学校所学的内容，我还要辅导艺珍看一些参考书。虽然她的学习态度端正了不少，但是对学习的热情和散漫的性子却是没有丝毫好转的迹象。她在学校总是和其他孩子吵架，惹出各种各样的问题，让我干着急，不知道该怎么办。

艺珍小学四年级发生的一件事让我至今仍然记忆犹新。一天，一脸兴奋的艺珍回到家就嚷嚷着要抓青蛙，非要看青蛙的肚子里有什么。原来，她在科普课上看到了青蛙的解剖照片，想亲自解剖看一下。她将书包往客厅的沙发上一扔就跑进厨房，拿出了锅和夹子，立马就要去公寓后面的山上捉青蛙。别说是摸了，我甚至都不敢近距离看青蛙，看着一心想要解剖青蛙的艺珍，我满脸的担心。想到以前被剖开肚子的那条金鱼，如果再这样放任不管的话，这孩子说不定会慢慢地想剖开更大的生物体的肚子，这一想法忍不住让我一阵头皮发麻。

“艺珍，你真要这样吓妈妈吗？非得这样做吗？在学校没有和老师一起做实验吗？如果没做的话，就看一些图片不就行了吗，为什么想亲自解剖呢？嗯？”

在那一刻，由于内心长时间积攒了巨大的压力，再加上艺珍的要求给我带来的冲击，我忍不住有些生气。

测试。幸运的是，艺珍很适合学习理科，未来职业一栏中就包括医生这一职业。艺珍成为医生的这一梦想，就这样在接受完能力测试之后更加确定，艺珍也似乎在家人和亲戚的信任和鼓励之下越来越有信心。

找到未来的梦想之后，我对艺珍的辅导越来越得心应手，因为有了一个很好的借口。当还没有做完作业的艺珍想睡觉的时候，当想和朋友玩耍却被拒绝的时候，艺珍也能够理解妈妈了。有时候和朋友吵架了，回到家里她就会显得有点魂不守舍。每当这时，我就会叫她“未来的医生”，当听到这个称呼的时候她就会稍稍回过神来。

在艺珍升入初中之后，“学习的目标”显得更加重要了。如果和我一起开始学习课本内容还没有特别的目标意识的话，那么就很难与学校的学习同步，学习成效也不会太明显。

与艺珍一同度过的这段漫长岁月中，“未来的梦想”在背后给予了我们最大的动力。自从“未来的梦想”成为今后学习的目标，作为妈妈的我觉得任何困难都可以克服，同时这也成为艺珍在困难面前不轻易放弃的动力。如果妈妈想成为老师亲自辅导孩子的话，那么我认为最重要的就是首先帮助孩子找到梦想。

虽然艺珍在初中二年级的时候，有一次突然说学习太累了想要成为摄影家，但是令人欣慰的是直到现在她依然将成为医生作为自己的目标。现在，想起当年艺珍缠着我说要解剖青蛙那件事，我突然觉得很庆幸。

不久之前，我听说了一位妈妈的烦心事：她根据孩子的分数让孩子选择了一所合适的大学，但是孩子却不能适应大学生活，最终退学重新参加高考。那位妈妈说，她的孩子不满意所选的大学，打算重新考一次，她怎么也拦不住，现在心理压力非常大。对此我不免有些担心：跟专业比起来，那个孩子更加在乎的是学校的名声，他没有考虑自己应该选择什么专业，而是一心想进入有名的大学。

**TIP 可以免费进行能力测试的地方**

| 机构名称（韩国境内） | 网　页 | 测试内容 |
|---|---|---|
| 韩国职业能力开发院 | 职业网 www.careernet.re.kr | ①初中生：职业能力测试、职业兴趣测试、职业方向成熟度测试、职业价值观测试<br>②高中生：职业能力测试、职业兴趣测试、职业方向成熟度测试、职业价值观测试<br>③大学生・成人：职业方向准备程度测试、理工科专业合适度测试、主要能力效果测试、职业价值观测试 |

| 机构名称<br>（韩国境内） | 网 页 | 测试内容 |
|---|---|---|
| 升学及职业方向信息中心 | www.jinhak.or.kr/ | ①小学生：小学生能力测试、简单职业方向心理测试、霍德兰职业潜力测试<br>②初中生：霍德兰职业潜力测试、霍德兰职业方向探索测试、简单职业方向心理测试、其他心理测试<br>③高中生：霍兰德职业方向探索测试、霍兰德能力探索测试、简单职业方向心理测试、其他心理测试 |
| 韩国指导机构 | www.guidance.co.kr/ | 免费心理测试：注意力缺乏及多动症诊断测试、反抗性障碍诊断测试、学习障碍诊断测试、学校排挤自我诊断测试、一般性格测试、职业倾向测试、自律性测试、自我尊重感测试、人际交往能力测试、情绪安定性测试、自我信赖度测试、人际交往偏好度测试、胆量测试、功利性测试、忧郁症测试、强迫症测试、焦虑症测试、酒精障碍诊断测试、成功度预测测试、注意力缺乏及多动症（ADHD）、网络中毒、游戏中毒、手机中毒 |
| 青少年工作网站 | www.work.go.kr/youth | ①小学生：有趣的职业世界（与我相符的职业选择、简单的测试）<br>②初中生：职业心理测试、青少年职业趣味测试、青少年职业测试<br>③高中生：职业心理测试、青少年职业趣味测试、青少年职业测试 |
| 韩国青少年咨询院青少年网络咨询中心 | www.kyci.or.kr/kyci/counsel2/ | 网络心理测试：人际关系、学业、职业方向、网络使用过度、性和异性 |

## 母亲的恩惠

几年前，在健身房健身时我总会遇到一位笑容慈善，五十多岁的女画家。从外表一点儿也看不出她是画家，所以当她介绍自己是画家的时候我很惊讶。

“我不像画家吗？我觉得也是。这一切都是因为我母亲。她真的很厉害，现在想到当时在学校门口被她逮到，一路拽到美术培训班的时候仍然有些害怕。”

也许是看出了我的疑惑，在一起吃饭的时候女画家对我讲，她今天的成功是母亲带给她的。

“那个时候的话，应该是四十多年前了吧，您母亲那么有远见啊！看来是一位很了不起的人物。”

“现在想一想，她确实在教育子女方面醒悟得比较早。当时我很怨恨母亲，甚至还离家出走过。话说是离家出走，其实就是躲在朋友的家里没有去学校。结果不到一天母亲就找到那里，把我拉回了家。我觉得自己就像一条脖子上拴着链子的小狗一样被拽走了。你都不知道我母亲有多强悍，当时好羡慕那些没有妈妈的孩子。”

听了女画家的话，我表示很理解，同时又很羡慕她能够克服一切困难并最终取得了成功。

“那您母亲为什么想到要您成为画家呢？既然是那么雷厉风行的一个人，想要您从事其他的行业不是也很有可能吗？”

“我就是一个木头脑袋，不是学习的料。我母亲说我好像对色彩要比其他人敏感，在画画的时候总喜欢使用各种颜色，因此非要我去上美术培训班。但问题是我画画又不是很好。我性格原本也比较固执，如果是自己想做的事情的话就会去做，但是别人强制性要求我做的事我只会更加讨厌。所以从那时候起就我不再画画了。况且画得不好还受到称赞，感觉好像是在敷衍我。只是我没有想到母亲竟然会在学校门口等我，还把我带到了培训班。刚开始真的被吓到了，谁能想到她会专门等着我呢。我那时候正跟同学一起玩得高兴呢，完全不知道妈妈在校门口，结果出去就被她强行拉到了培训班，你能想象我当时的样子吗？”

我想象着当时那戏剧性的场面，忍不住笑出了声。

“那您后悔现在成为画家吗？”

“当然不后悔。在有了自己的孩子之后，我突然觉得母亲真的很了不起。母亲看到了连我自己都不知道的才能，她知道我在色彩感方面很突出。如果没有母亲的话，我绝对不会有今天。最让我感动的是，从小学一直到进入大学的这段时间，母亲几乎每天都在学校门口等我，然后把我送到培训班。在我初三的时候有一次跟母亲撒谎说去培训班，却和同学一起去了春川。我回家的时候已经做好了被母亲教训的准备，但是母亲却没有冲我发火，反而说对我很放心不会责怪我。我母亲伟大吧？从那时开始我逐渐向母亲敞开了心扉，终于明白母亲为了我到底费了多少心思。”

女画家的母亲真的是一位非常伟大的母亲。正因为我自己也有孩子，所以知道这绝不是一件容易的事。

“但是让我觉得母亲更加伟大的是在升入大学之后。我原本以为母亲会支配我的全部人生，但是母亲却说‘现在好了，我能为你做的也就只有这些了’，然后再也不干涉我的任何事情。这时我却反而觉得有点不习惯，心里不太好受。

“现在母亲把自己那段时间想做却没有做的事情都列了出来，正一件一件地努力去实现，日子过得有滋有味，而且身体也很硬朗。我经常会想，如果没有母亲，我现在会是什么样子呢？正是因为母亲发现了我的才能，我才能够成为画家，这都是她给予我的恩惠啊！除了母亲还有谁会这么为我着想呢？如果母亲当时只顾着她自己，对我不管不问，没有发现我的才能，就不会有现在的我。而且她的出发点仅仅是为了好好抚养我，这让我对她更是感激。除了母亲，还有谁会为了孩子奉献出自己的所有呢！”

“我现在经常跟别人讲我自己的事情，因为这才是母亲应该做的事。不放任孩子，努力帮孩子找到目标，这就是母亲的伟大，除了母亲没有谁会为你付出这么多。”

# 第二章
# 将散漫的好奇心转化为注意力

## 反复提问

我和艺珍一起学习，仅仅是出于作为妈妈的责任。当我为选择什么样的教育方法而苦恼的时候，结婚之前在社会生活中所积累的经验给我提供了巨大的帮助。我的主要工作是向公司的全体职员教授电脑知识，在当时由于所开发的实用程序还不多，因此主要教授的是有关电脑运行系统的知识、数据库和文字处理等资料管理程序，以及被称作“莲花”的计算管理程序。为了更好地应对日常工作，掌握一定的电脑知识是必需的。当时的上课时间是从早上八点到晚上六点，总共持续一周。有一些职员上课时注意力很集中，不愿意错过任何一点知识，但是有一些职员却不是很积极。特别是在吃过午饭之后，大部分人开始犯困，上课的时候注意力根本就不能集中。

“我上周看了话剧。”

听到我的话，所有人都抬起头看着我。我脸上带着微笑，心里想“以这个话题吸引学员，接下来的课应该比较容易上了吧”，但效果也只是暂时的。课堂上所讲的内容有一定的难度，很多人都心存疑惑，所以下课之后一些人选择留下继续向我请教，常常到很晚才结束。我想，很可能这些都是他们在工作时需要用到的东西，所以才这么积极吧。

“艺珍妈妈，我在辅导孩子的时候，如果一个问题讲了很多遍她还听不懂，就特别生气。”

一位像我一样亲自指导孩子的妈妈向我诉说她所遇到的问题。其实我也一样。当所讲的内容比较难理解时，如果艺珍能够跟我说“妈妈再给我讲一遍”的话还好，但如果她什么都不说，还犯困我就感觉很难办。我最终没有放弃对艺珍的教育主要得益于过去在公司教职员们时所积累的经验，因为大部分从一流大学毕业的人和孩子的学习态度并没有什么太大的差别。我清楚地知道，就算是成人，学习一个全新领域的知识也是很困难的，所以明白孩子在学习的过程中一定也会遇到很多困难，因此在指导艺珍的过程中就多了一份耐心。

我对艺珍的理解能力并没有抱太高的期望，同时从艺珍的学习状态来看，也并没有对她的学习成果有很大的期待。只是看到学校经常举行考试，而艺珍对学习并没有太大的热情，心里不免有些不安，就会忍不住问她一些问题。不管是在吃饭的时候，还是在看电视的时候，甚至是看到美少女战士挥舞着魔法棒的时候，都会问她一些有关学习的问题。

我经常有要给艺珍洗脑的冲动，想让她明白学生的本分就是学习。因为艺珍满脑子就只有调皮捣蛋的想法，与其不停地唠叨，还不如随时向她提出一些问题，让她把这些内容刻在脑子里。

“艺珍，能屈能伸是什么意思？今天练习册上出现的汉字一共有几个？你想到什么就说什么，汉字能力考试不是考过了吗？”

“今天在学校上自然课了吧？说说都学了哪些内容。”

“你说一下求圆直径的公式。”

虽然刚开始艺珍面对突然的提问有些慌张，很多问题都回答不上来，但我没有放弃，依然会反复地提问，如果她回答错误就会让她自己去找出正确答案。长此以往，艺珍的回答越来越具体，回答的内容也越来越长，貌似自己已经事先准备过了。

怕艺珍的回答不够充分，我会在她去学校期间查阅一些辅导书确认，如果发现回答错误就会立马给她纠正，或者让她自己去确认。我觉得这个方法可以对艺珍在学校的学习进行远程指导，所以当艺珍去学校的时候，我会多看一些相关的内容并把它们制作成小纸片，甚至会帮艺珍概述一下课本中的主要内容。

我们经常会将孩子分为头脑聪明且勤奋的孩子、头脑聪明但懒惰的孩子、头脑不好但勤奋的孩子，以及头脑不好且懒惰的孩子等几类。根据统计，在成功的人士中很大一部分属于头脑不好但勤奋的人，正是因为他们清楚地认识到自身的不足所以才更加努力。

我认为即使孩子本身存在一些不足，只要妈妈能够耐心地正确引导，一定会弥补先天的不足。艺珍就属于这一种情况。虽然她对于所学的内容记得不是很牢固，理解速度也比较慢，但是只要不停地反复跟她讲，她记住的内容就越来越多。当我看到艺珍为了向妈妈复述课堂上所学的内容而努力去记的时候，我就知道就算头脑不是很聪明，只要认真勤奋学习就一定会成功的。

不过对于生性调皮的艺珍来说，仅仅依靠这些是远远不够的。不管是谁，特别是孩子，如果听到别人的称赞，那么做事情的时候会特别有热情，努力想要做到更好，并不会去怀疑所听到的称赞是真还是假。因此不管什么事，只要艺珍比上次有一点进步我就会毫不吝啬地称赞她。比如说考试成绩提高了，词汇量增加了，或者是能够具体地阐述自己所学的内容了等，我都会表扬她，并奖励一些奖品。

只是这种方法持续的效果并不是很长久，因此我专门拜托周围的人，让她们多向艺珍说一些称赞的话，多表扬她在学习中取得的进步。和想象中一样，比起妈妈的称赞，周围人的称赞更有效果，称赞的话听得多了，艺珍看起来更加有信心，不再像以前那么散漫，学习态度也越来越好了。虽然不是很明显，但我感觉到好像因为周围人的称赞，艺珍的身上产生了一种责任感。直到现在，周围还有很多人认为艺珍从小就头脑聪明，天生比较适合学习呢。

那段时间，在向艺珍传授最为有效的学习方法的过程中，我也变得越来越自信。因为我感觉到了在指导艺珍学习，反复向她提问的时候，向来淘气的艺珍逐渐发生了变化。从艺珍身上可以看到孩子身上的潜力是无限的，如果有孩子放弃学习，那么可能很大一部分原因就是做妈妈的不够努力。

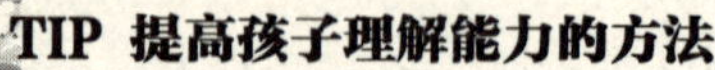

### TIP 提高孩子理解能力的方法

1. 为了避免孩子遗忘所学的内容，要随时对其进行提问。

2. 让孩子把在学校所学的内容向妈妈复述一遍。

3. 妈妈要了解学校的教学课程及孩子的理解程度。

4. 即使孩子取得微小的进步，也要表扬他们，特别是需要周围人的称赞，因为这样会让孩子产生成就感和责任感。

## 过程最重要

我曾经听过在图书馆举办的某个随笔作家的文学讲座，并依稀记得那是在公寓小区到处弥漫着水蜡树香气的一个初夏。

我想这对于今后指导艺珍的作文或许是一个为数不多的好机会，就和朋友一起去参加了那次讲座。虽然我现在已经记不起那位身材矮小、眼神温和的作家叫什么名字，但是他所讲的关于自己妹妹的故事，直到现在我依然记忆犹新。

“我有一个妹妹，几年前因为父母的事情她曾经给我寄了一封三页左右的长信。我在读完信之后，用红色的笔将信中句子错误的部分修改了过来，然后又把信给妹妹寄了回去。因为我自己作为作家实在是不能无视这些错误，所以就好心告诉妹妹一下。但是却没有想到，从那次之后妹妹再也没有给我写过信，呵呵。”

虽然这位作家的做法并不是不可理解，但我想如果我是那位妹妹的话一定会觉得很羞愧。

“您真是有点过分了，那么我们写的文章您也会修改吗？哈哈！”

聚集在讲堂里的人中有人提出了这样的问题。

“不会，我绝对不会再这样做了。以前是我做错了，因为当时我并没有意识到文字表达的是书写人的心意。所以各位家长在看自己的孩子写的文章时千万不要擅自进行修改，因为那其中包含了孩子最真实、最纯真的情感。同时我还想在这里向妹妹说一声抱歉，但是现在好像有点晚了，因为妹妹两个月前已经去世了。所以说到现在才知道自己错了有什么用呢，呵呵。”

虽然这位作家面上一直带着微笑，但是眼睛里却盈满了泪水。为了不让眼泪流下来，正强忍着内心的哽咽。

无意间给妹妹造成伤害，丢掉写信本身所具有的意义和快乐，这是那位作家的失误。很多人在做某件事的时候往往无法把握事情的本质，经常会将结果看得比过程更重要，这就会无形中打击了做事的积极性。

艺珍小时候做得最多的作业就是写日记。老师每天都会仔细检查，并用红色的笔在上面写上自己的意见，这样一天才算是真正结束。然后第二天又必须要继续写日记。这种感觉就好像是在让别人阅读孩子的想法并对此给予评价一般，我总感觉心里面有一些不舒服。所以我非常同意那位作家所说的“文字就是心意”这句话。

在辅导艺珍学习的期间，那位作家和他妹妹之间发生的事情给了我莫大的帮助。可以说，那件事让我真正明白了过程比结果更重要，我们要多观察孩子的内心世界，注意孩子的真实想法。

艺珍上小学时在一次春游时发生了一件事。因为艺珍在班级担任班长，所以春游那天我一大早就起来准备艺珍和艺珍老师的盒饭，以及给其他同学的水果和点心，满满地装了一大包。由于忙活了一个早晨，我有些睡眠不足，就睡了一觉。迷迷糊糊中好像听到艺珍回来了，我突然从睡梦中醒了过来，发现艺珍正沉着一张小脸站在门口。

“什么时候回来的？那么早就结束了吗？哎哟，你看妈妈竟然睡着了。春游怎么样啊？把午餐给老师了吗？老师喜欢吗？”

面对我的一连串问题，艺珍站在那里一句话也不说，眼泪却扑簌簌地落了下来。

“怎么了？出什么事了？伤到哪里了吗？”

我心里一紧，心想艺珍是不是哪里受伤了，上上下下打量了她好一会儿。艺珍好像比我想象中早回来了一个小时左右。

“妈妈，对不起。我不小心将装盒饭的书包掉到水里了，结果什么也没有吃，也没能给老师。”

“老师也没吃午饭吗？”

“吃了，学生会会长的妈妈准备了自助餐，大家都吃得很开心。”

“那就好。可你怎么哭了呢？是因为没有吃到饭吗？还有，为什么回来得这么早？”

“春游提前结束了，我就回来啦。但是我一想到妈妈一大早辛辛苦苦准备的食物被我给掉到了水里，就忍不住想起妈妈的脸，觉得很伤心。妈妈为了我，从大清早就开始忙碌，结果什么都没有吃到，觉得妈妈太可怜了。我就是觉得妈妈您太可怜了。”

艺珍为什么会觉得我可怜呢？我仔细地想了想。艺珍一定是觉得妈妈费心准备的食物却被自己掉到了水里，感觉自己很没用，更觉得白辛苦了那么久的妈妈很可怜吧。那是我第一次真正看到艺珍的内心世界，原来艺珍知道妈妈为她所做的努力并心怀感激。

原来一直以为艺珍就是个散漫淘气的孩子，没想到竟然会有这种想法，我感受着孩子的内心世界，突然间觉得孩子似乎已经长大了。从那件事之后，我能感受到即使是在训斥艺珍的时候，她也能够明白妈妈是为了她好。意识到这一点后，我决定今后要尽可能多地和孩子进行心灵沟通。

艺珍如果上次考试的分数比较高，到准备下次考试的时候就会比较难管。换句话来讲，就是容易变得比较骄傲，就好像脸上写着“现在已经不需要妈妈的干涉了”。但是下一次考试总是因为没有好好准备，成绩会下降很多。所以我后来在评价孩子的时候会更加注重准备的过程，而不是成绩。

每当考试结束，成绩出来的那一天，艺珍同学的妈妈们经常会给我打电话，向我诉苦说孩子的成绩不好。但是在诉说的过程中，很多时候我会发现那孩子的成绩要比艺珍的成绩好。所以一旦接到别人的电话来询问有没有什么好的方法提高孩子的成绩时，我就觉得心乱如麻，说不出是什么滋味。我明白作为父母都希望孩子能够取得好的成绩，但是接到这样的电话还是不免觉得这些父母有点太贪心了。因为他们总是因为自己的孩子一两门课成绩不好就表现得像天都要塌下来的样子，完全没有考虑孩子的感受。

对于艺珍，我曾经有过这样的期望，我更希望她能够成为一个最努力的人，而不是一个最成功的人。虽然丈夫说这种想法太不现实，但我觉得与那种枯燥乏味、一心只想成功的人比起来，能够尽自己最大努力去实现目标和梦想的人身上所散发的魅力才更加吸引人。我想将艺珍培养成这样的人。

随着艺珍年龄的增加，我希望她能够多为别人着想，并能够体验到怜悯心痛的感觉，即使有沉重的学业负担也能静下心来享受周围美丽的风景，并且长大之后也要心中怀有梦想努力生活。因为，只有珍惜每一天的生活才能切身体会到生活的真谛。

我认为教育是一个过程，在这个过程中要教会他们怎样去面对和解决将来可能会遇到的各种问题和难题，同时还要明白这一过程并不能够决定孩子将来的人生。当前的教育就是要将过程变成结果，这在大学入学考试中体现得最为明显。

现如今，在教学过程中所进行的各种考试已经逐渐成为促进孩子全面发展的绊脚石。不过庆幸的是，在一些公司的招聘条件中，有关于对志愿者活动和特长加分等诸多方面的评价。同时还更加关注孩子自身的想法和自觉性，要求提交学习计划表。从这一方面来讲，我认为这种方式是非常可取、非常鼓舞人心的。

作家妹妹那封有诸多拼写错误的信件，孩子们所写内容单一、浅显的日记，以及那颗看到妈妈辛辛苦苦准备的紫菜包饭和食物掉到水里而觉得妈妈很可怜的心，本身就是非常美丽、难能可贵的。因为那里面包含着妹妹对哥哥的爱，孩子对未来的希望和向往，以及理解妈妈的辛苦的那份心意。我们真正需要做的不正是要让孩子明白这些吗？

## 让孩子自己作决定

在艺珍上小学的时候，周围的孩子就已经忙着参加各种比赛，并不断拿回各种奖项，好为以后升大学作加分准备。当时恰好学校发的宣传单上有互联网信息检索师资格考试[1]，考虑到我以前从事过相关方面的工作，所以我便开始辅导艺珍准备这个资格考试。

[1] 互联网信息检索师资格考试：是检测应试者对网络和相关技术的应用能力以及培养信息通信专门人才的一种考试，共分为三个等级。信息检索师的主要工作是为一些企业及个人提供所需的信息资源，是一种新兴职业。

互联网信息检索师资格考试中涉及很多新的用语，并且一些用语听起来比较奇怪，所以刚开始的时候艺珍非常抵触，为了让她好好学习我费了很多心思。

“不可以考其他的吗？我真的非常讨厌这些。其他能够学的东西多的是，为什么一定要学互联网呢？”

我跟她讲因为我熟悉这方面的内容，可以帮助她一起学习。在艺珍不停的抱怨中，我们花了两个月的时间来准备并最终考取了资格证。虽然证书考下来了，但在高强度的准备过程中艺珍一直非常辛苦。从那以后，她就不太愿意跟我一起学习了，而且学习的时候经常打瞌睡，看起来一副疲惫的样子。好不容易对学习产生的兴趣再也找不到了。

到了寒假，为了提前准备即将到来的初中学习生活，艺珍突然跟我说想去补习班。正好我也没有决定好到底要辅导她到什么时候，而且为了帮助她准备互联网信息检索师资格证考试也已经很累了。

“学习很好的荷静也去补习班上课呢，为什么就我不去啊？妈妈你就把我送到补习班吧，我想和其他同学一起学习嘛。”

“为什么想去补习班呢？你难道不愿意和妈妈一起学习吗？”

“哪有，我只是要去补习班而已。其他同学都去补习班，只有我不去，他们都觉得很奇怪。我也想去啊。”

说实话，那个时候我对继续辅导艺珍的学习也没有多大的信心，心里对艺珍的未来也有一些不安和担心。同时考虑到艺珍的学习态度不再像以前那么散漫了，还因为作业和作文写得好得到了奖状，心想就算把她送到补习班应该也不会再妨碍课堂秩序了，便把她送去了综合补习班。

将艺珍送到补习班之后，我好像一下子卸下了一个沉重的负担，心里也不再感觉不安。通过那段时间的学习，艺珍逐渐有了要成为医生的梦想，而且通过反复地学习也掌握了一些很好的学习方法。更重要的是，考虑到在补习班能够在更加优秀的老师的指导下学习，会更有希望进入理想的大学。

与我所期望的一样，艺珍在补习班的分班考试中被分到了一等班，并且在第一次考试中获得了第一名。我甚至还接到了补习班打来的电话，说是要对艺珍进行特别指导，因此我对艺珍给予的希望也越来越大。

正当我沉浸在幸福中的时候，艺珍却开始时不时地给我说补习班老师讲课的进度太快，自己对所学的内容不是很理解。在随后的考试中，艺珍依然取得了很好的成绩，所以我觉得可能她只是需要一段时间来适应，就没有太放在心上。

在补习班上了三四个月之后，艺珍好像是已经考虑了很久，跟我说想要在家里学习。

“为什么又想在家里学习了？”

“老师讲得太快了，我不能理解。而且在做笔记的时候老师一直在说话，让人不能安心学习。”

“你如果从现在开始要在家里学习的话，以后再去补习班就会很吃力。在补习班，老师讲课肯定要有自己的进度。你在家里学习一段时间又去补习班的话，所学的内容根本就衔接不上，你自己好好想一想再作决定吧。还有，也想想之前和妈妈一起学习时的辛苦，看看那到底是不是你自己真正希望的学习方式。考虑好了，再跟我讲吧。”

由于我根本就没有作辅导艺珍初中功课的准备，心里难免有点担心。但是艺珍好像压根就没有感觉到我的担心，不顾补习班老师的挽留，硬是要在家里学习初中课程，并表现出一副跃跃欲试、信心满满的样子。

虽然有点茫然，但是自从艺珍说要在家里学习之后，给人感觉姿态完全变了，意志很坚定。于是我也只能下定决心在家里来辅导艺珍，并为此作了很多准备。

后来我才知道互联网信息检索师资格证在升大学的时候一点用处都没有，反而产生了很多的副作用，导致幼小的艺珍现在一看到电脑就头晕，甚至在听有关互联网讲座的时候都很困难。

从那之后，有关艺珍的任何事情，我都会让她自己来作决定。从我的立场上来讲，让艺珍自己作决定更加方便我对她进行管教，同时艺珍自己决定的事情也会真心想将其做好。主动去做永远比被动接受效果要好得多。

在家里学习一直存在一个问题，那就是休息的空间和学习的空间是同一个场所。比如说正高兴地看着电视呢，突然说学习的话就很难静下心来，这个时候就需要制订一些规则。我就把所有的决定权都放在艺珍的手中，让她自己来决定学习科目的进行过程，并要求她制订详细的学习计划表。

有时候因为学习到很晚，艺珍实在是太困了，就会跟我说今天想就学到这儿。

“妈妈我太困了，实在是学不下去了。明天再继续好不好？”

“妈妈不是也还没睡吗？就这一点了，结束了就睡觉。做事情要有始有终才行啊。”

“明天我一定会精神饱满地听讲的，我向你保证。”

“你如果连计划的内容都不能完成的话，怎么能实现自己的目标呢？况且，这不是你自己制订的计划吗？妈妈要帮助你遵守才行啊。”

这样，就算是实施起来很困难，但因为是自己制订的计划，艺珍基本上会很听话地完成。而且到下次再制订计划表的时候，艺珍主动增加了学习的量，并减少了睡觉的时间。看到这些，我知道艺珍已经开始慎重对待自己的未来了，并且知道妈妈在帮助自己完成制订的计划，所以在学习方面也开始尽自己最大的努力。

在这个过程中我发现了一件事，在没有达成目标的情况下，艺珍会将失败的原因全部归结到自己的身上，这势必会影响心情，成绩自然就会有所下降。因此我必须要做好艺珍的后援，帮助她努力达成目标。从那之后，我便适当地引导艺珍在完成计划的过程中要稍微降低一点期待值。

“笔记不用记得那么仔细，要专心听视频。如果有不懂的内容记得做个标记，等见到老师的时候仔细问一下。”

“真的吗？这样也行吗？”

“虽然今天有点晚了，但是也要把这段内容听完再睡觉。如果经常把当天的任务推到明天的话，计划就很容易变得一团糟。”

我在指导艺珍的过程中会稍微给她一点喘息的时间，在完成所规定的学习任务的时候，艺珍自然而然会产生一种成就感，对自己也更加有信心。

“妈妈你先进去睡吧，我听完这个讲座就去睡觉。”

曾经艺珍看到我在旁边困得一直打瞌睡，对我说了这么一句话。当时听到这句话后我心里一阵感动，觉得艺珍真是懂事了，所以直到现在仍然记忆非常深刻。

那个夜晚，我看着艺珍小小的身子坐在椅子上，眼睛紧紧地盯着屏幕，心里想就算现在没有妈妈的帮助，她也能自己认真学习了。

产生兴趣最为重要的条件就是让自己成为行为的主角。在心理学中有这么一句话，“兴趣来源于选择的自由”。设想一下，如果有人逼着你去爬山，在爬山的时候肯定会被累得气喘吁吁、满头大汗。但是如果是自己愿意去的话，那么不论多么困难都会努力爬上去。因为只有自己选择的事情才会有兴趣去做。

——《后悔与妻子的婚姻》文化心理学家　金正云著

促进责任感的形成—吉诺特理论—以人为本的心理学家。

随着子女的成长，要逐渐培养他们的责任感，其中一个比较好的方法就是要尽可能给他们二选一的机会。要让他们自己来选择，并学会对自己所作出的选择负责。在儿童自己所能理解的范围内，只要给他们划定一个合理的界限，就会逐渐促使他们养成守纪律、有责任感等好习惯。

——《训练中心——父母教育》李淑、禹熙静、崔真雅、李春雅合著

## 由于补习班作业导致上课无法专心听讲

很多人为了培养孩子的独立性，在孩子跌倒的时候会要求孩子自己爬起来。但是我觉得这并不是一种好的教育方法，而这一结论正是根据我的实际经验得来的。在上小学的时候，我在操场上第一次学习骑自行车的时候摔倒了，把手给摔伤了。

“喝点水看看，如果水没有从受伤的地方流出来的话，那就说明没有什么大的问题，不用太担心。”

爸爸觉得不是什么大的伤口，就给我简单地处理了一下，为了让我安心，说了这么一句话。但是几天过去了，却没有丝毫好转，伤口依然很疼，后来才知道手上的伤口都已经裂开了。于是爸爸非常生气，责怪我为什么没有早点跟他讲。我当时太过于相信爸爸的话了，因为水没有从伤口处流出来，所以就一直没有跟他讲。虽然当时爸爸这样做的主要目的是想培养我的独立性，但是那件事带给我的却只有无尽的孤独感。

孩子们有时候并不会按照父母所引导的那样去做。就像我爸爸一样，虽然是好心引导孩子，但是因出现了一点意外反而产生了相反的效果。我在想，如果那时候爸爸将受伤的我抱在怀里安慰一番是不是会更好。我们的孩子也一样，与其不停地督促孩子学习，妈妈们时不时地安慰一下因为学习而辛苦的孩子才是更应该做的事。和预想的一样，艺珍在上高中的时候成绩不见起色，跟我说想去补习班。我去了住家附近有名的综合补习班咨询，当看到他们的教学计划时我非常吃惊。因为所安排的课程从下午六点一直持续到晚上十点。也就是说，孩子早上七点去学校，一直在学校待到下午四点钟回家，然后就必须要马上去补习班上课，孩子一整天都将没有休息的时间。

当学习的内容比较多的时候，艺珍总会有一些内容无法理解，经常会搞不明白就那样过去了。所以在学习课本的时候，我会给她适当地调整一下所学内容的分量。但即使这样，因为单独的课外辅导和学校所学的内容存在着一定的差异，所以上课时间和所学内容的分量自然而然地就增加了。也就是说，将学校的课程和补习班的课程加起来的话，要学的内容会非常多。在这种情况下，本身比较散漫的孩子，肯定会有一些不能理解的内容，不可避免地会忽略掉。

因为艺珍需要复习在学校所学过的内容并在网上预习新的内容，所以额外学习的科目和单元数量并不是很多。在学期中的时候，由于要复习之前所学的内容，所以时间显得有点不够用，甚至都不能正常听网上的讲座。就算只是复习当天所学的内容，然后把不太理解的部分在参考书中找出来，并解答出试题册中的问题，在时间上来讲也稍显不足。艺珍总说第二天上课的时候会犯困，我一般会让她学习到十二点，在一点之前要让她睡觉。当然在考试期间艺珍学习的时间会增加，但是和其他的孩子相比，睡觉的时间还是相对比较长。所以艺珍是为数不多的在上课期间不会犯困的几个孩子中的一个。

“妈妈，其他同学在上课的时候为了做补习班布置的作业都不能好好听课了。因为作业实在是太多了，就只能把其他的事情放在一边，先做完补习班布置的作业。于是我问同学这样学习也行吗？他们却说，‘不知道，作业实在是太多了，简直要累死人了。刚开始做作业是为了提高学习成绩，但是现在好像仅仅是为了做作业才去补习班的’。”

艺珍模仿着同学说话的语气对我说。

“同学说在补习班经常要考试，一般学完一部分的内容之后紧接着就会进行考试。最初的时候他们还会非常想考个好成绩，但是现在就简单地敷衍过去就行了。考试的分数会在补习班贴着，而且动不动就会把妈妈叫来。刚开始考不好的话就会很担心妈妈的唠叨，但是慢慢地，妈妈的唠叨也不会放在心上了，就感觉整天累得要死要活的。”

我认为增加学习的分量，对孩子特别是比较散漫的孩子来说并没有多大的帮助，因此希望妈妈们能够明白孩子的理解能力是有限的，千万不要一味地要求他们学习过多的知识。如果说孩子的学习生活太辛苦的话，那么其中一个重要的原因就是要学的东西太多，而这正是妈妈附加给他们的。

上补习班的孩子如果认真学习的话，那么成绩肯定会很高。但是一般的孩子，并不能长时间维持高分的状态。孩子们要经历 12 年的学习时间，如果过分执着于成绩的话，那么结果可能并不是很理想，我想告诉大家的正是这一点。艺珍曾经是一个对学习毫无兴趣的淘气包，对这样的孩子来讲，要想帮助他们提高成绩，一个重要的方法就是要减少学习的分量，帮助他们打好基础。

### TIP 思维散漫的孩子要少上补习班的理由

对于思维散漫的孩子来讲，如果一次性让他们学习过多知识的话，很容易超出他们的负荷。补习班的课程会比学校的进度稍微快一些，让他们同时消化这些内容是不可取，也是不现实的。给他们充足的时间来复习的话反而会更容易集中注意力，所以我认为与其将时间花费在补习班上，还不如让他们根据自己的实际情况来进行有效的复习和预习，让他们养成复习和预习的好习惯才更加重要。

## 即使慢也要让孩子自己理解和消化

艺珍进入高中的第一次考试就是全国模拟考试。艺珍在初中三年期间所学的内容都掌握得很扎实，而且在进入高中之前对高中的学习内容也事先在网上预习过。因为艺珍在初中的时候成绩一直保持在班级的前两名，所以我想到高中肯定也会取得不错的成绩，但是意外地这次艺珍的成绩考得很低，而平时一些成绩并不突出的孩子这次却名列前茅。艺珍在进入高中时成绩排在全班的第一名，所以这次的成绩让老师很是失望，而且一直过完了一个学期成绩都没有提高。

艺珍在学年初和老师进行了一次谈话，向老师讲述了自己学习的过程，但是在谈话的过程中因为考试的分数太低一直觉得很惭愧。我对在家辅导艺珍的学习一直抱有很大的信心，但是在那一瞬间却有点后悔没有参考其他人的经验。

我不止一遍听到过周围的其他父母们说在孩子上初中的时候，就开始集中对他们进行高中数学、英语以及科学科目的指导。而且还听说他们并不是很在意初中成绩。现在想起他们的话，我心里一阵后悔。

虽然说我并不是没有尝试过，从初中一年级开始，在提前学习英语语法的时候艺珍接受得很快，因此我开始让她提前在网上看一些有关高中数学和科学的讲座。但是艺珍却听不懂，开始我以为是网上的讲座讲得不够详细，所以让艺珍换了一个网站，按照每门科目的单元来分类进行听讲，但是艺珍依然觉得很难。最后因为艺珍只要一听讲座就开始犯困，要么就坐在椅子上动来动去，没办法只好放弃了。想到初中的课程艺珍学得很扎实，我觉得就算是提前预习也要选择合适的时机才行，如果忽视时机的话，很容易让孩子内心产生负担。所以一直到初中三年级的时候才开始让艺珍提前学习高中的课程，但从这次考试的结果来看，当时准备得确实是有点晚了。

三月份进行的全国模拟考试是检测中学所有课程的一次考试，所以比想象中的要难。就算是初中一直认真学习，也不能保证会解答那些综合性的问题。而高中课程模拟考试中所涉及的问题和全国模拟考试是同一种类型的，为了准备这次考试必须要充分熟悉和掌握课本中的内容。而艺珍只是简单地浏览了一下大致的内容，所以很多应用问题都不会做。经历了这样的失败后，学习状态就很难像以前那么好了。再加上每两个月一次的模拟考试和测评考试，让艺珍提不起精神来。那段时间，我和艺珍为了这些考试一直手忙脚乱的。

“妈妈，让我去补习班吧。自己一个人学习实在是太累了。全校第一的静敏，拿到奥林匹克数学竞赛金奖的雅贤都在 A 补习班呢，我也想去那里和他们一起学习。”

这是发生在艺珍进入高中之后半个学期左右的事情。

“妈妈，我说的是真的，既然现在成绩提高不上去，那就去补习班试试看嘛。和初中的时候一样，我现在很多问题都弄不明白。”

说着拿出了在学校前面收到的补习班传单，然后向我解释各个补习班的特点，并把自己想去的补习班专门画了出来。

但是这件事我不能够轻易作决定。从补习班提供的教学计划来看，课程进度比较快，而且大部分的内容都要准备考试。

这对于提前预习不充分的艺珍来讲，显然是不容易理解和消化的。我觉得与准备考试比起来，首先理解和吸收所学的课程内容才是关键，不然的话学习就只是沙上楼阁，经不起考验。所以向艺珍说了我的想法。

“妈妈觉得还是现在这种学习方式比较好，如果坚持下去，你的成绩一定会提高的。”

“那么就不能进入好的大学了，妈妈知道我解不出数学问题的时候有多郁闷吗？其他同学很容易就解出来了。”

“虽然现在有点难，但是只要你认真学，时间长了成绩肯定会好转的。所以不要过分执着于眼前的成绩，只要尽你最大的努力去学就可以了。”

“那么大学怎么办呢？也不能一遇到不懂的问题就问老师和同学们吧，每次去办公室问老师问题的就只有我一个人。实在是太丢脸了！而且问同学的话他们又不告诉我。我实在不明白为什么要这样学习呢？又不是说我不去补习班自己一个人学的话，大学就会向我敞开大门。”

“你要考虑得长远一些。学习是你自己的事情，如果仅仅因为成绩要到补习班去的话，那么你自己学习的时间不就没有任何意义了吗？”

“那有什么重要的，能够进入大学才是重要的，不是吗？”

“就算去补习班，也并不是所有的人都能进入大学啊。”

“那至少也要比现在好吧。”

其实我也和艺珍一样，知道独自学习高中的课程并不是一件简单的事情。当前学校的测验分数已经从以前的绝对评价转化成相对评价，考试试题越来越难。孩子们不仅要准备模拟考试，还要单独准备综合论述，所以高中课程比父母们想象中的还要忙还要累。在和艺珍一起制订学习计划表的时候，我忍不住感叹这么多东西到底是如何准备的呢？所以我能理解艺珍为何想要去补习班，但是最终我没有将她送去。

我并不是一个固执己见的妈妈。我看到艺珍拿着不懂的问题去问老师和同学，并逐渐学会自己思考和解决问题，感到非常欣慰。如果一个人学习，遇到不懂的问题就会查一些参考书、辅导书、课本，甚至是老师的笔记，但是去补习班就只会学习现成的答案。所以就算孩子一个人学习需要花费更多的时间，但是至少能让他学会独立思考，并养成自觉学习和复习的好习惯。我只是一个为了孩子的未来而稍显固执的妈妈。

“不要因为测验把自己搞得那么累，而且你不是也说过嘛，自己解题的方法要比其他同学好，其他同学只知道问题的答案，而你却知道原理，所以大家都很羡慕你。你做得很好，知道原理的你更加优秀。”

“虽然是这样，但是去补习班的话，我的成绩一定会进步的。”

“当然有可能会这样，但是你好好想想，如果去补习班，你不是也要和其他同学一样，只知道问题的答案而不知道原理了吗？”

因为我想要培养艺珍独立思考的能力，所以艺珍在高中三年期间成绩都没有很大的提升，一直以来很辛苦。看到这样的艺珍，丈夫忍不住责备我，说这并不是一种好的方法。

我没有将艺珍送到补习班还有一个原因，那就是我觉得让一个一直自己学习的孩子突然换另外一种学习方法，就好比跑着跑着步突然改乘车一样，存在着一定的风险。我想让艺珍产生一种“自己学习的自豪感”，就像马拉松选手一样，即使不能取得好的成绩，但跑完全程的自豪感也并不是其他人能够体会到的。我曾经待在艺珍的房间，一直想“我的决定到底是不是正确的？”但是从房间出来的时候我得出了一个结论，那就是有自己想法的人要比取得好成绩的人更加难能可贵。因此，就算艺珍的成绩暂时不好，也没有太大的关系。

在和艺珍一起学习的那段时间，我充分了解了艺珍的内心，并相信艺珍进入大学之后一定会成为一个能够独自解决所遇到问题的人。

“请大家向辛苦养育各位的父母们鼓掌！”

艺珍最终进入了西江大学生命科学专业。在开学典礼上，校长要求同学们对父母们的辛勤付出给予热烈的掌声。和坐在二层的父母们有所不同，正在开入学典礼的学生们一边鼓掌一边出现了细微的说话声。让孩子自己学习并不是一件容易的事情，想到度过的那些日子，再听到这热烈的掌声，我努力忍着才没有让眼泪掉下来。

校长在致欢迎辞的时候提了一个问题，“对孩子来讲，有能力但对孩子关爱不足的父母，与没有能力但充分关爱孩子的父母，哪一种父母才是好父母呢？”校长解释说，能力和关爱都是做父母的应该具备的，父母们要把孩子培养成兼具能力和爱心的人才。

艺珍完全是自己学习考上大学的，梦想是成为一名医生。然而这并不是说只有把艺珍送入医科大学才代表我的教育成功。不久之前我看了一则报道，说首尔大学的一名学生连基础学历都没有达到，甚至一部分大学生在学习大学课程的时候还需要到补习班去补课。因此我认为我们要培养孩子独自解决问题的能力，这才是教育的根本。从这个角度来看，我的教育无疑是成功的。艺珍在准备医学专科大学研究生考试的时候依然是自己一个人独立完成的，看着艺珍每天学习到很晚，我坚信她一定会成功的。

看着孩子向着梦想努力奋斗，我感到很满足，因为这世上再也没有比努力生活更加美丽和更加有价值的事情了。

“……这就是我们的大学努力追求的方向。我们培养的不仅仅是人才，更重要的是培养他们的人性。”

听到校长的话，我感觉自己肩膀上的担子一下子轻了许多。

## 避免受排挤

“要是和真熙在一个班就好了，我都那么诚恳地祈祷了……这一学年过得应该没什么意思了。”

寒假开学之后艺珍升入了初中三年级，在新学期开始的时候，艺珍回到家对正在洗碗的我说了这么一句话。

每当学期开始的时候，艺珍总是因为朋友的问题稍微有些伤心，但是不久就没事了。所以这次我也以为会像以前一样，过段时间她自己就会处理好了。

“学习任务那么重，怎么还有心思想这些事情呢？赶快洗手，去准备好明天要用的书包，然后把今天要用的数学课本拿出来。”

艺珍慢慢地站了起来，一句话也没说，似乎还没有从放假的状态中调整过来，刚开学有点不适应。

我们所居住的小区和艺珍的学校仅仅隔着一条小路，因为住的楼层比较高，所以打开玻璃窗一眼就能看到学校操场。在六月的一个星期一，天气晴朗，学校的围墙上爬满了粉红色的花，空气中弥漫着丁香花的香气，从学校操场上传来了孩子们嘈杂的声音。我早上做完清洁之后，站在窗户旁边看孩子们在开全校会议。不论是孩子们站队的样子，还是穿校服的样子都多种多样，有的在校服裙子里面穿着运动服，有的在校服里面穿着花花绿绿的 T 恤，和以前我们穿得端端正正的样子有很大的差别。看到这些，我不禁笑了出来。

我一直在这些孩子中间寻找着艺珍。艺珍在三年级七班，和其他班级不同的是这个班队伍显得相对较乱。前面三四排站得挺整齐，但是从中间开始就乱了，因为有一个孩子单独站成了一队，然后后面的孩子又重新站好了队。猛地一看就能知道，站在中间的这个孩子好像不受其他人欢迎，大家都不想和她站在一起。我又仔细看了一下，却惊讶地发现那个像孤岛一样独自站着的孩子竟然是艺珍。

艺珍双手交叉放在身体的前面，一副气鼓鼓的样子。看到这样的情景，我感觉心都凉了，眼睛再也无法从艺珍身上移开。校长的讲话已经持续了一个多小时，孩子们有点耐不住了，开始窃窃私语。但是艺珍却依然一动不动地站在那里，像一尊铜像一样。而我站在窗户旁边，似乎和艺珍一样也变成了铜像。

随着时间的流逝，越来越多的学生开始窃窃私语，校园里充满了孩子们嘈杂的声音。在对成绩优秀的学生和比赛获奖者们颁完奖之后，学生们陆陆续续回到了教室。而在朝着教室移动的人潮中间，艺珍一直显得很悲壮。我看着艺珍消失在教学楼的拐角处，想着她这段时间内心所经历的一切，突然觉得作为妈妈很对不起她，心里很着急，而更多的是自责。

下午的时候艺珍回来了。

“艺珍，在学校过得怎么样？”

我装作和平时一样，随口问艺珍。

“受孤立了呗，我没有跟妈妈说过吗？”

“什么时候开始这样的？还有你为什么觉得被孤立了呢？”

让我觉得吃惊的是艺珍那平淡的语气，让人感觉好像是已经接受了这样的现实，一副破罐子破摔的样子。

“同学们都讨厌我，不过没关系。妈妈不是觉得我只要学习好就行了吗？我自己也觉得只要学习好就可以了，所以不会在乎这些的。而且我觉得现在挺好的。刚开始我也想和同学们好好相处，所以做了一些努力，但是他们却不愿意和我一起玩。我为了和素妍搞好关系还给她写过纸条，但是却没有回音。反正我现在也不喜欢他们，所以这样正好。和他们一起玩还浪费时间，还不如利用那些时间解几道题呢。”

艺珍在说这些话的时候一直没有看我的眼睛，只是一个劲儿地盯着我给她买的晚餐——披萨，小嘴一张一合地咀嚼着。看到这些我觉得更加奇怪，所以一直等到艺珍吃好为止。艺珍并没有问我为什么会问这样的问题，只是脸上露出一副“你现在才知道我的难处啊”的表情。

于是我给艺珍说了今天早上看到的事情，并问她为什么出现这种事情却没有跟我讲。

“刚开始我本来是想跟妈妈说的，但是怕妈妈担心，再加上我也不喜欢其他的同学，所以现在这样也没有什么关系。”

听到艺珍说怕妈妈担心所以没有说出自己的烦恼，我感到有些心疼。

我告诉艺珍说不管是谁活在这个世上总会遇到各种各样的困难，而我们要做的就是想办法努力克服这些困难。同时语重心长地跟她讲，在这个世上不合群的人是很难生存的，就算你学习再好也没有任何意义。也许是因为妈妈意识到了自己所遇到的问题，从妈妈那里得到了心灵的安慰，一直坐在那里默不做声的艺珍开始流泪。我抱着艺珍，安慰她说这种事情就像是感冒一样，任何人都有可能会遇到。听到这些话之后艺珍的脸色缓和了很多，跟我说要去学习，然后就站了起来。

第二天，等艺珍去学校之后，我立刻在网上查询了青少年咨询中心。在韩国的很多地方都设立了专门针对青少年的咨询中心。我给青少年咨询中心打了电话，向他们说了艺珍的问题。但是他们主要提供的是针对失足青少年的项目，像这种被孤立的问题并没有多少经验和实例，所以这次咨询并没有得到实质性的解决方案。甚至有一些地方直接跟我讲说虽然孩子遇到这种事情很痛心，但是并不是什么太大的问题，先好好观察一段时间就好了。但是我认为，孩子在学校不合群，如果大人不能帮助他们解决的话，就好比是在放任微弱的火种不管，早晚会出大事的。虽然可以等孩子长大后自己来克服这个问题，但总归不是彻底的解决方法。一想到艺珍没有意识到自己的问题，在心里怀有对其他同学的怨恨，我的心里就一阵刺痛。但是我又不能去学校找老师，拜托他们不要再让艺珍被孤立，所以最后我让艺珍亲自去问同学们为什么不愿意跟她在一起。虽然刚开始艺珍犹豫了一会儿，但最终答应会试试看。

第二天从学校回来的艺珍一脸轻松，向我讲述了和同学之间的对话。艺珍说自己问其他同学“你们为什么讨厌我，能不能告诉我理由”，同学们小心翼翼地跟她说了原因。舒允说艺珍实在是太过于在乎成绩了，总是和其他人讨论有关成绩的话题，而且更让人不舒服的是每次考试的时候都要问其他人的成绩。舒允还说自己没有想到艺珍能够自己问出这么难以开口的问题，觉得艺珍非常有勇气。

“妈妈，和同学们交流完之后，我觉得好像是自己先做错了。”艺珍歪着脑袋对我说。同时她还说很感谢舒允能够坦诚地跟自己说这些，听到舒允说自己有勇气之后觉得浑身都充满了力量。自从这件事情之后，艺珍在做事情的时候学会了照顾其他同学的感受，好像明白了因为自己无意的行为其他同学有可能会受到伤害。就这样，艺珍很快就和同学们打成了一片。艺珍在没有向同学询问有关自己的问题时，一直觉得同学们讨厌自己是他们的原因。知道问题是出在自己的身上，艺珍很庆幸能够及时认识到这一点，在后来和同学交往的时候更加慎重。

我觉得孩子和朋友之间出现问题，特别是在学校和同学之间出现问题时，一味地认为是别人的错是非常危险的想法。当然学校暴力等一系列社会焦点问题除外，其他的问题和朋友们交谈之后完全能够自己解决，所以要尽可能地大事化小，小事化了。因为这件事，艺珍认识到了自己的问题，并且依靠自己的能力圆满地解决了。

我很庆幸艺珍没有把所有问题都归咎到别人身上，因为一旦孩子将问题的原因归咎到别人的身上，那么就很容易以消极的眼光看待所有的事情。同时更让我感到庆幸的是，经过这件事，艺珍不论遇到任何问题都会先从自身找原因，学会了自我反省。问题解决之后，艺珍不再因为跟同学之间的问题有心理负担，不管进入任何团体都能很好地适应。看到这些，我不禁感叹：正是当时的那段经历给她上了很好的一课。

## 寻找对公共教育的信任

艺珍和老师们的关系很好。虽然一部分原因是因为周围不上补习班自己学习的孩子很少，所以老师给予的关心稍微多一些，更重要的是因为艺珍比较听老师的话，不论什么事情都会找老师进行商议。与以前我们那一代相比，特别是与我有很大不同，艺珍对老师更加关心和好奇。

看到能够这样自由奔放地表现自己的艺珍，我非常羡慕。我在其他人面前，特别是在长辈们面前就会显得非常紧张，所以很羡慕孩子能够落落大方。我觉得艺珍的这种表现主要是出于对老师的信任。

我给艺珍制订了一些必须要遵守的事情，反复对她强调不要对老师有任何的不满和不平。因为我认为一旦孩子对老师产生不满，在学习的过程中就很难摆正心态。在这一点上父母们也一样，如果站在孩子的立场上很难接受父母的想法的话，那么就要好好和他们进行交流，一味地非难和无视绝对达不到教育的根本目的。如果孩子对大人的信任消失的话，那么不论是在精神上还是在生活上，由于没有可以让自己依赖的人，他们会变得很无助，甚至会对这个世界失望。因此，我一直努力让艺珍不要失去对学校老师的信任。

在艺珍初中二年级的时候，有一次受到了老师的处罚，我当时觉得这次处罚非常不合理。那是在放学之后打扫卫生的时候，艺珍和同学因为嬉笑打闹而受到了批评。老师说要让其中的一个人作为代表受罚，最后指名让艺珍来受罚。其他同学打扫完教室之后都回家了，只有艺珍一个人留下来打扫男女卫生间，直到天完全黑了才回家。由于心里太过于委屈，艺珍一回到家就止不住地哭了起来。

就算从客观角度来看，那么多调皮的孩子中只惩罚艺珍一个人也非常不合理。老师并没有说明理由，而且让一个女学生打扫男卫生间，站在孩子的立场来想心里一定很慌张。

听艺珍讲完整件事情的原委，我担心老师是不是因为孩子平常的表现才作出这样的决定。虽然并不知道是什么原因让老师对艺珍有这么低的评价，但是更让我担心的是怕艺珍以后对老师不再信任，因为一旦出现这样的情况，今后的学校生活将会非常难过。我希望艺珍在生活的过程中，心中怀抱着对世界的信任。因此我安慰艺珍说，老师也是人，任何人都有可能犯错误，千万不要对老师有任何怨言。同时让她好好想一想自己是不是平时做了什么令老师头疼的事，所以老师才会对她作出这么严重的惩罚，如果真是自己做错了的话，就要好好反省。

对老师信任并不是说要坚信老师都是完美的，而是说要相信老师会关心和爱护学生。同时要明白学校并不是仅仅教给学生知识的利益集团，而是帮助学生的头脑和身心健康成长的地方。

英国的海顿公园有一个自由发言台，台上写着这么一句话："任何人都可以站在台上说自己想要说的话，但是禁止任何人说针对女王的言论。"写这句话的目的是为了保护象征着国家尊严的王室，只要是英国人都要遵守这个规矩。

我认为在我们的社会中，老师和父母要站在相同的位置，公平对待和保护每一个孩子。不能无条件地对权威屈服，要理解孩子们的思维方式并给予他们一定的自由空间。只有给予他们一定的自由空间，才能保证孩子们的精神和生活充满希望。

虽然说这可能是儒教的思考方式，但是我们要从保护社会、保护成长中的孩子这个层面来理解。在经历过这件事情之后，艺珍不仅和惩罚她的这位老师，和其他的老师也一直维持着比较好的关系，对老师们很敬重。正是因为对老师的信任和敬重，艺珍在学校遇到问题的时候就会向老师寻求帮助，在学习中发现自己的不足也会和老师讨论。我相信，这份信任会让艺珍怀着一颗温暖的心更好地适应将来的社会生活。

如果当时我第二天就去找老师，向老师抱怨艺珍所遭受的事，结果会怎么样呢？也许艺珍在面对不公正的事情的时候会无视年龄和自己所处的位置，随心所欲地行动。虽然那样可能会避免遇到不公的事，但很明显艺珍的内心也会变得冰冷。我希望可以将我们的社会打造成一个即使遇到不公也可以忍受的社会。

## 妈妈应该为孩子做的事情

我在打扫卫生的时候突然接到了艺珍打来的紧急电话，脸都没有洗就朝着学校的方向奔去，在一堵矮墙下见到了艺珍。这个地方竖立着许多高压电线，再加上学校的垃圾处理场也在这里，完全不用担心会被老师发现。

像这种秘密接头事件，在艺珍上初中的时候经常出现。有的时候是忘了带学校发的复印资料让我给她送去，有的时候是忘了带笔记本让我帮她找一下，有的时候是忘了准备要准备的东西让我帮她买一下，总之，各种各样的接头内容都出现过。如果时间充足的话还好，但是一听到她说第二节课就要用，要快点给她送去的时候，我感觉怒火一下子就冲到了脑门。

“你就不能自己提前准备好吗？每次都这么折磨我。”

“对不起，妈妈，我忘记了。”

我把东西从矮墙上扔过去给她，在回来的路上下定决心不能再放任不管了，一定要想办法把她的这个坏习惯改掉。但是在艺珍上初中的三年时间里，我经常要去矮墙下面给她送东西，甚至在上高中的时候还在反复进行这样的事情。丈夫看到我这样，表现出一副受不了的样子。

“你干吗要给她送去啊，不用管她，让老师训她一顿就长记性了，以后自己就会准备好的。干吗每次都发火还给她送去呀？”

“知道了，我也是这样想的。下次绝对不会再给她送去了。”

但是我的行动却和说的不一样。因为我知道艺珍的学校生活有多么繁忙，不仅要完成学校的学习任务和作业，还要提前准备考大学所需的学习内容，一天到晚的学习计划都排得满满的，过得很辛苦。

现在的孩子要做的事情实在是太多了，不仅仅是学校作业，甚至连准备的资料和笔记，以及课本上所做的标记都作为分数评定的标准，在学校留下记录。初中的成绩在中考的时候会对中考成绩有一定的影响，而高中的成绩会对高考有一定的影响。

直到现在，我对当时的学校生活依然记忆犹新，一到美术课和体育课以及音乐课的时候，很多同学都会到隔壁的班级去借东西，以至于整个走廊里都乱哄哄的。经常会有人到朋友的保管箱去借染料和调色板，甚至找到朋友的朋友借运动服。当时如果没有准备好要用的东西，最多也就是被老师用教杆打手掌。但是现在的孩子却不会借给其他人笔记本或课本等，因为所有的这些都会反映在分数上。正是因为我知道现在学校里的情况，所以当看到一脸疲惫从学校回来的艺珍时，就好像亲身体会到了她的辛苦。

为了让孩子能够专注于学习，做妈妈的要尽可能给予他们所需的帮助。比如说在网站上搜索一些对孩子有用的资料，或者和其他的妈妈交流获得一些有用的信息。

人们都说最近孩子们要学习的东西越来越多，再加上教育的质量提高了，所以想要进入大学就变得非常困难。不仅如此，很多人还说由于孩子们课外辅导的时间很多，所以过得一直很累。但是我看到的情况却有所不同。

现在的孩子学校生活过得很凄凉，不会跟同学敞开心扉讨论功课，在学习上得不到同学的帮助，也不会向同学借笔记来参考，更不要说相互分享各自所准备的学习资料了。同时，现在的孩子如果在艺术或体育等方面没有一些特殊的才能的话就很难进入好的学校，这也使得孩子们生活得更加辛苦。随着社会的变化，人与人之间也变得人情淡薄，我们的孩子太早就开始经历这些，而这正是大人们所造成的教育现实。

高中的时候我是坐地铁上学，在高二的时候经常会在地铁上遇到我们的语文老师。他已经快到退休年龄了，对我很热情，就像是爸爸一样。如果我早上没有吃早餐，他就会买牛奶给我喝，还经常问我在学习中有什么困难。因为这位老师一直穿同一套西装，所以我们给他起了个绰号叫“一套西装”。他脸上经常挂着笑容，是一位很有风度的老师。那年在一次考试中我不小心把答案写串了，所以分数非常低。老师把我叫到办公室问我为什么错了这么多题，我告诉他说因为自己粗心把答案给写串了，结果他竟然把我的分数给改过来了，并且还跟我说一直知道我学习非常认真。这件事情被其他同学知道之后，大家都很惊讶，说老师对我太偏心了。

但是这样的事情是不可能发生在现在的孩子身上的。也许是出于这个原因，我甘愿成为一个盲目的傻瓜妈妈，就算为了给孩子送东西经常要躲在学校的矮墙下面也值得，因为至少能够帮到孩子。

现在想一想那位“一套西装”老师的判断和做法也许不正确，但是作为学生，我心里一直怀着对老师的感激，就算岁月流逝也不会忘记老师当时所给予的温暖。

我希望艺珍的学校生活也能够留下一些微小但珍贵的记忆，希望她能够看着同学的眼睛堂堂正正地说昨天晚上没有学习到很晚，不跟同学保密自己在上哪所补习班。我实在无法理解现在这种所有的事情都反映在成绩上的现实，以至于孩子们不会将珍贵的笔记借给同学，也不会相互交流学习经验和分享学习资料。因为在学校里不允许对学生进行体罚，所以老师说对学生的各种行为进行评分是约束学生行为的一种很好的方法，我却认为这种从相对评价到绝对评价的转变存在着一定的问题。虽然说在约束学生行为方面能够产生一定的效果，但是导致学生们的生活过得无比凄凉，也是不争的事实。

在孩子辛苦的学习生活中，要让他们知道妈妈理解他们的不易，从而使他们得到一些心灵上的安慰。这样，孩子会因为得到妈妈的关爱和照顾而心存感激，会怀着一颗温暖的心去面对将来所遇到的一切。

## TIP 妈妈能够为孩子所做的事

1. 找参考书籍

* 概念类书（全部科目）——万家[1]

* 试题集（全部科目）——EBS 试题（真题 + 模拟试题），Megastudy N 题（真题 + 模拟试题），预测试题集（真题），“嘉义故事”[2]（教育厅、评价院模拟考试 + 真题）

* 科目类别（数学）

SUMMA CUM LAUDE：概念 + 高难度试题。

新思考 SSEN（数学）：试题的量很多，在练习方面效果明显。

形象记忆数学公式集：收录了很多数学公式，能够从整体上进行概念整理，且方便携带。

* 科目类别（科学）

HIGH TOP：是一本基础概念书，包含了很多高难度概念，对练习叙述性问题和论述题有很大的帮助。

* 科目类别（语言）

新思考语言特讲五感图：按照体裁分类收录了多种形式的作品。

* 英语领域——五感图，EBS

* 数学领域——千日数学，EBS

* 其他背诵科目——EBS

[1] 万家：书的名字。
[2] “嘉义故事”：书的名字。

2. 及时了解高考政策的变化，并及时告诉孩子们。
3. 找到报纸上出现的社会焦点事件和现象，并将其剪下来。
4. 多参加一些高考说明会，正确把握孩子的未来规划。
5. 了解孩子将要进入的大学的考试大纲。

## 父亲是孩子的指南针

不久之前，我收到一位父亲的邮件，他在邮件里讲述了自己的立场。

“不知为什么，最近爸爸不再是子女教育的主体，同时在不知不觉中家庭事务的决定权也逐渐转移到了妈妈的手中，严重一点来说好像爸爸受到了轻视。”

从这一段话中我们能够深切地体会到一位父亲在面对自身的处境时，心里的失落和伤心。

但是这位父亲却忽视了一件重要的事情。从我自身的经验来看，子女们得到父亲的认可要比得到母亲的认可更能得到自信和满足，从而促进精神成长。虽然现在很多父亲认为自己无法成为子女教育的主体，但是我却认为这只是由于个人观点的差异所致。虽然随着子女教育的日益复杂和多样化，母亲投入了更多的时间，在收集有关子女教育信息的过程中，逐渐拥有了决定权是不容争辩的事实，但是这并不能说明母亲是子女教育的唯一主体（只不过从表面上看起来是这样而已）。

我一直希望在我对孩子发火的时候，作为父亲的丈夫能够安慰孩子，让孩子不要有太大的压力，以便能够和孩子之间维持良好的关系。丈夫却总是把挨了训的孩子叫过来，再训斥一顿。每当这时，我就感觉有点对不起孩子。面对没有眼力劲儿的丈夫，我实在是看不过去了，便瞅着一次机会质问丈夫。

“你为什么总是把挨过训的孩子再教训一次啊？”

“孩子最近实在是太没有规矩了，只有这样我才能树立作为老爸的威严。”

有统计显示，在父亲的关爱和理解之下长大的孩子能够更好地适应社会，但是现在的父亲在乎和关注的似乎只是不能失去作为父亲的权威，并没有认识到不管世道怎么变化，父亲对孩子的意义并不会发生变化。

在学生时代，我有一个朋友静淑是学生会会长，她总是炫耀自己和父亲在一起的事情。由于和父亲的关系实在是太好了，虽然说住在一起，但是相互之间依然会经常写信。

“我以后要找个像我爸爸一样的男人结婚。我爸爸总是在我被妈妈教训之后带我出去买冰激凌吃，还会认真听我讲有关朋友的事和在学校遇到的困难，就算是我做错了事情也不会过问，只是对我说‘加油’。每当在回家的路上牵着爸爸温暖的手，我心里就特别高兴，而且也能够理解妈妈的训斥，在心里下定决心以后一定会做好。”

每当听到她说这些话时我就特别羡慕，心里想也许她理直气壮的说话语气、自信的学校生活、毫无修饰的自我表现等都来自于父亲的认可吧。

我的父亲是位小学老师，他在两年前去世了。虽然说和父亲在一起的记忆要比和母亲在一起的记忆少很多，但是那些记忆却一直历历在目，深深地印在了我的脑海中。虽然父亲很严厉也很简朴，会指出子女言行中不妥的地方，可是却一次也没有冲我发过火，最多也就是说一句“不要这样做”。我当时希望自己可以不要受到父亲的指责，所以总是偷偷地逃避父亲。对我来说，父亲是如泰山一样高大的存在。

随着年龄的增大，记忆中印象最深刻的还是父亲曾经说过的话。每当我迷失前进的方向时，父亲的话就像指南针一样为我指明方向。如果可以重新来过，我希望自己不再逃避父亲，能够和父亲一起创造更多美好的回忆，不会再像现在一样感到遗憾和辛酸。

我给那位父亲回了邮件。

“虽然您说现在妈妈是子女教育的主体，拥有决定家庭事务的主导权，但是对于孩子来说，印象最深刻的依然是您温暖的手掌和鼓励的话语。随着时代的变化，很多人觉得父亲在子女教育中的地位有所下降，甚至在一定程度上受到了轻视，但是我们要看到孩子依然会默默地等待父亲回家，依然会铭记父亲的教诲。正是因为明白父亲在孩子的心目中拥有不可替代的地位，所以很多妈妈都会懊恼自己无法成为父亲。”

“请您成为孩子记忆中的指南针。我希望您够成为给予孩子温暖和安慰的指南针，而不是像刀一样锋利且性能良好的指南针。可能的话，尽量多和孩子交流谈心。因为您所说的话会成为孩子成长过程中的指南，为孩子找到前进的方向，同时在孩子遇到困难的时候也会因为您的话而得到心灵上的安慰。其实，您在家庭中的地位一直都没有发生变化，依然是整个家庭的支柱、道德和指路明灯。您要相信，孩子一生都会将您的教诲铭记于心，会因为您的鼓励而充满希望和力量。而且，孩子的妈妈也绝对不会轻视您在家庭中的地位，为什么您要自己贬低自己呢？”

“如果您一味地贬低自己，孩子也会受到影响，容易在面对生活的时候表现出不自信。您在家庭中占据着最为重要的地位，是话剧舞台上的主角，不管配角多么耀眼都无法掩盖您作为主角的光芒。现在很多的孩子会牢记父亲所说过的话，但是很多父亲却看不到这一点，为此我不免有些着急。请您多和孩子交流，多给予孩子安慰，就算时间流逝，就算忘记当时的场景，孩子却会清晰地记得您当时所说的话。您用那宽厚的手掌给予孩子的温暖，会成为孩子一生美好的回忆。”

“从现在开始，您要在孩子的面前表现得更为果敢，在做事的时候更加有主见。一般儿子会成为与父亲相似的人，而女儿会找一个与父亲相似的丈夫。父亲的角色并不是任何人都可以胜任的，在子女的心目中父亲是任何人都无法替代的存在。难道您要自己放弃这重要的角色吗？”

根据李承华（2001）的研究结果表明，父母越积极子女就越活跃，越有创造力，同时独立性和协同性也更加突出，能够更好地适应社会生活。如果父母在养育子女的过程中表现消极，就会

对子女的情绪产生不良影响，容易使他们产生不安、焦虑、叛逆等情绪，同时行为也比较极端，对周围的事物表现得较为冷淡、毫不关心，不容易受管教。同时父母在养育子女的过程中越积极，子女就越容易适应学校生活。因此可以说，子女的孤独和父母的养育态度有着密不可分的联系，父母的养育态度越有爱、越合理，儿童的孤独感就越少。

——节选自全成秀教授的《幸福的子女教育》

# 第三章

# 培养孩子注意力的小秘诀

## 妈妈老师

我在前面已经提到过，在艺珍上小学的时候，为了改变她散漫的性子我一直在坚持不懈地努力。我通过不断提问所学内容的方法让艺珍认识到作为学生的本分，但是当时艺珍在学习中存在的最大问题是理解能力不足。

有一次，比艺珍小三岁的侄子到我家来玩，在我给艺珍讲题的时候他就坐在艺珍的旁边，结果侄子比艺珍理解得还快，对于我提出的问题很快就说出了答案。在那一瞬间，我深切地体会到了艺珍理解能力的不足。

也许是因为对课本和辅导书进行反复地学习，艺珍在小学的时候成绩并不差。我也渐渐看出这种反复的说明和学习效果比较明显，对艺珍的学习有很大的帮助。

在艺珍快要升初中的时候，我将她送到了综合补习班，结果在第一次的分班考试中就取得了优异的成绩，被分到了优秀班。看到这一结果我不禁感叹，就算是孩子比较散漫，只要妈妈耐心帮助他们，完全有可能取得好成绩。但是当艺珍不愿意再去补习班，央求我帮助她一起学习初中课程的时候，虽说这代表着她信任我，但是我的心里却没有任何把握。因为当时我并没有一个具体的学习计划和有效的学习方法。面对很久没有看过的初中课本，说实话我很没有自信，不知道自己能不能将课本上的内容解释清楚。最终我决定亲自辅导艺珍的学习，就像她小学的时候那样，努力将课本上的内容解释清楚，直到她能够理解为止。

自从决定辅导艺珍的学习之后，我想如果像艺珍小学的时候那样让她看一些参考书，给她解释课本上的内容的话，取得好成绩就不是一件难事。但是另一方面，由于身上肩负着辅导艺珍学习的责任，我感到负担很重。

在毫无准备的情况下辅导初中学生的学习，还要查阅各种各样的参考书籍，不知不觉中我对初中的学习内容已经非常熟悉了。由于对课本内容有比较全面的了解和把握，因此在辅导艺珍的过程中就可以将当前单元的内容和其他单元的内容联系起来进行讲解。一般孩子在学习的时候只会看到当前单元的内容，但是大人却能够把握概括性的内容，因为我觉得这样的学习方法还是比较有效和可取的。

之后，在我努力成为教育者的过程中，就没有必要重新把所有的教学内容都熟悉一遍，因此少了很多负担。同时由于我用心整理了很多的参考书，将对课本内容有帮助的参考内容标记了出来，因此在辅导艺珍学习的时候并不感觉吃力，反而觉得游刃有余。想到当初在毫无准备的情况下表现出的担心和忧虑，是完全没有必要的，向孩子解释课本内容并没有想象中的那么难。

由于艺珍原本就比较淘气，再加上当时正处于青春期，一味地督促反而会更加不愿意学习。因此，我在辅导艺珍学习的过程中经常会将学和玩结合起来，这样不仅能够激起她学习的兴趣，而且学习效果也比较明显。我发现每当在玩乐的氛围中学习的时候，孩子的注意力就会特别集中，虽说没有必要在学习的时候故意玩闹，但是尽可能地与孩子成为平等的朋友却是很有必要的。

自从艺珍升入初中之后，在学校里发生的各种事情都会跟我说，在这一点上和小学的时候有很大的转变。年龄越小的孩子在学习的时候就越喜欢一边玩一边学，学与玩结合是最好的学习方法。但对于已经是初中生的艺珍来说，最好不要表现得太严厉，像朋友一样拉近相互之间的距离更容易使她向妈妈敞开心扉，对于学习也不容易产生抗拒感。

同时，为了不失去作为妈妈和老师的威严，保障学习的质量，我会让她严格遵守制订的计划和学习时间。面对想要改变学习计划的艺珍，无论如何我都不会妥协。最终在我们共同的努力之下，艺珍逐渐熟悉和掌握了自主学习的方法，而这一过程和经历为她后来的学习打下了很好的基础，成为后来自主自觉学习的契机。

说实话，艺珍曾经说过的那些学校里面发生的事，对我来说并不觉得有趣，但是我绝对不会表现出来。其中一部分原因是因为我希望艺珍能够通过谈论自己周围所发生的事来缓解在学习过程中所承受的压力，而更重要的原因是我想通过倾听艺珍的心声，来拉近彼此的距离，从而保证对艺珍的教育能够在轻松愉悦的氛围中顺利展开。

### TIP 成为妈妈老师的第一个阶段

1. 经常和孩子交流，保证孩子在和妈妈一起学习的过程中不产生抗拒感。

2. 在学习的时候一定要制订详细的计划表并严格遵守时间，只有这样才能确保学习不松懈。

## 学习要以课本为主

对于不了解教育具体方法的我来说，感觉最有负担的部分就是与小学相比，初中的科目增加了很多。在辅导的过程中不仅要辅导主要科目，甚至连“手工”“道德”“国史”等科目都要辅导。我的计划是将课本按类别分好并定下一天的日程，然后对在学校所讲的内容进行一些补充。这样的辅导方法应该没有什么大的问题，但现在的主要问题是如何应对考试。由于初中的科目和内容比较多，在辅导的时候显得有些茫然，再加上要努力让艺珍理解这么多的内容，还要应对考试，我感到有些吃力。特别是要采用何种方法来准备考试，成为目前最主要的问题。

我首先让艺珍熟读课本，然后试着做试题册。对于练习册中做错的部分和不太理解的部分，我查阅一些参考书后再给艺珍解释。

“艺珍，你在房间里看完下一个单元之后出来，我对你进行一下简单的测验。对于不理解的部分我解释给你听就好了，所以你自己好好看完之后出来吧！”

听完我的话之后，艺珍把两条胳膊耷拉在桌子底下，胸抵着桌子，眼睛直直地看着课本。看到她这个样子，我不免有些生气。

“你这是什么姿势？这样怎么学习？要坐端正，一边记笔记一边学才是学习的样子！”

“这样学习也可以啊，有什么不行的？”

等我再次进入房间的时候，艺珍已经趴在课本上睡着了，肉嘟嘟的脸颊上被书印上了一道道清晰的印子……

第二天我买来一个白板。我和艺珍坐在桌旁的椅子上，我在旁边看参考书，让艺珍看课本。然后我在白板上写下从参考书中摘录出来的内容，让艺珍记在笔记本上。这种方法不免让人联想到在学校教室学习的场景，因此比较容易集中注意力。但是也有一些缺点，比如花费的时间比较多，只能大致地了解一下参考书的内容等。

因此，我决定参照教国语课的老师对书上的内容一句话一句话地进行讲解的方法。我先让艺珍把课本上的内容看完，然后我对这部分的内容进行总结概况，突出重点部分。

艺珍把整篇文章读完之后，我将本单元的概要总结出来，然后让艺珍把概要内容记在文章后面的空白位置。如果艺珍不理解的话就把所说的内容再重新讲解一遍。这种方法要比现有的方法更为有效，涉及的内容更为细致，而且进度也相对来说比较快。更为重要的是艺珍更加容易理解，我决定其他的科目也采用这种方法来进行学习。

但是艺珍在学习的时候不会将各个单元的内容联系起来，因此在解释一些内容的时候有点困难。艺珍的短期记忆很好，但是整体的把握能力有些差，学习的科目多了就容易混乱。

我仔细观察了一下，发现问题的主要原因是艺珍不知道当前所学单元的标题。在学习的过程中问她本单元的标题是什么的时候，她几乎都回答不出来，所以在后来的辅导中我就特别强调标题。虽然强调了很长时间，以前养成的看课本不看标题的习惯却并不是那么容易就能改过来的。

随着课本内容的不断增多，艺珍一下子学习很多科目之后就很容易把内容混淆。为了有效应对这个问题，每次开始学习新内容的时候我都会让艺珍把本单元的标题和小标题写在练习本上。同时，学完一单元之后我就让艺珍对本单元的内容进行整理，在练习本上列出整体框架。由于在练习本上只是大概整理，所以很难长时间保管。为了解决这个问题，我专门给艺珍买了一个笔记本，让她将各个单元的内容仔细地记在笔记本上，这样就算过去很长时间也不容易弄丢。

在一个大单元结束之后，我会让艺珍把每个小单元总结的内容重新整理一遍，然后将整理的内容直接写在课本上。如果课本上的空白位置不够，就另外在白纸上整理好，然后做成和课本纸张大小的样子，用透明胶带贴在课本上。对每一个段落都进行概括，然后将概括好的内容进行整理，贴在各个单元的后面。因此，在准备考试的期间就没有必要再翻阅课本上的内容了，直接看整理的概要就可以。在课本上添加整理的笔记之后，课本就变得越来越厚，和原来的样子截然不同。通过这种方式的学习，艺珍逐渐找到了窍门，再也不像以前那样无法区分各个科目，将各个单元的内容混淆了。因为她在学校看课本的时候，如果有不明白的地方就会找出自己概括的内容来查看。

艺珍在刚开始学习课本的时候，我并没有要求她背诵一些本应该背诵的内容。其中一部分原因是为了充分理解和掌握课本内容花费了太多的时间，以至于没有充足的时间去背诵，更重要的原因是我觉得让艺珍背诵的话，她的负担就太重了。艺珍现在连各个科目和各个单元都不能很好地区分开来，再要求她背诵的话就显得有些强人所难了。因此，即便是一些需要背诵的科目，在刚开始的时候我也只要求艺珍能够理解就可以了。如果一味地追求学习的数量，那么学习的质量和效率必然得不到保障。

对于一些需要背诵和需要不断重复翻看的重要部分，我会让艺珍将那部分的内容折起来，这样在每次翻看课本的时候就可以看到那部分的内容，以加强记忆。这是一种只依靠眼睛来学习的方法。与在练习本上用手写来记忆的方法相比，这种依靠眼睛来学习的效果似乎有点差，但事实却并非如此。将课本的概要内容或需要反复翻看的部分折叠起来，通过多次的查看，自然而然地就记住了。这种学习方法有一个好处，那就是即便不投入很多的时间也能够反复地对学习内容进行复习，而且记忆也比较持久，不容易遗忘。如果学习的内容很多，艺珍就会很辛苦，而这种方法恰好可以减少她的学习量，减轻学习 负担。

在需要记的内容比较多、比较复杂的时候，我会让艺珍将所学的内容在练习本上以图表的形式列出来，以防止将内容混淆。当然，在学校老师讲课的时候为了方便学生理解会画一些图表，但是如果学生死记这些图表的话很容易就会忘记，在考试的时候出现类似的问题时经常会漏掉其中的一两项。因此，当课本上的内容比较多且难度大的时候，最好的方法是让孩子自己来绘制图表。我发现艺珍在绘制图表的过程中，更容易从整体上理解课本上的内容，因此在结束一个大单元之后，我会让艺珍在练习本上将各个小单元的内容列出来，然后将整个大单元的内容整理成图表。

我作为家庭主妇有自己的事务，有的时候不能够辅导艺珍的学习。但是，并不能因此就推迟学习计划，我会让艺珍自己看课本，然后将参考书中整理出来的内容写在课本上。也许是这样的事情和妈妈一起做得多了，所以就算是让她自己学习和整理，也和我在的时候没有什么大的区别。我开始慢慢培养艺珍独自学习的习惯，之后的很多部分都是她自己独立完成的。

随着时间的流逝，艺珍的课本在不知不觉中变得越来越厚，成绩也有了很大的提高。虽然成绩提高是一件令人非常高兴的事，但是对于我来说更为重要的是看到艺珍望着厚厚的皱皱巴巴的课本所流露出来的满足表情。因为所有的内容都是她自己亲手整理出来的，不免觉得很有成就感。当听到艺珍说今后会更加努力让课本变得更厚的时候，我就知道她已经对自主学习产生了自信。

自主学习并不是被动地接受知识的灌输，而是自己主动地去学习，去接受知识。这并不需要什么特别的能力，只要熟读课本、查看参考书，然后将内容概括一下就足够了。在孩子考完试之后，让他们在课本上找到相应的内容，找出试题做错的原因，是因为对这部分的内容记得不牢固，还是因为理解不够充分？

### TIP 以课本为中心的学习方法

1. 在看课本的过程中，阅读完一段之后将重要的内容标出来。

2. 复习的时候要多看整理出来的各个单元的概要。

3. 在标重点的时候最好用彩色铅笔，不要用荧光笔。

4. 将课本上的重要内容折叠并反复翻阅，不仅能够有效减少学习的时间，对于记忆和理解也有很大的帮助。

5. 当所学内容比较多的时候，在练习本上把重要的内容绘制成图表，这样不仅便于理解，记忆也比较持久。

## 多练习应用题

在应对学校考试的时候，仅仅依靠熟读课本和做试题册是远远不够的。艺珍不上补习班，而是在家里学习，其中遇到的一个困难就是解题。一方面是由于所出的考试试题比较难，而更主要的原因是艺珍只依靠课本的话根本就解答不出问题。最好的办法就是在准备考试的时候多让她做一些与课本内容类似的试题，以此来巩固课本上的知识，但是在家里并没有什么好的途径去找这么多的试题。

艺珍上补习班的时候，我看到补习班门口堆放着很多试题册。我想，如果能够买到那些试题册的话，在家里学习就没有什么问题了。为了买试题册我去了书店，但是试题册上出现的试题大部分都是固定的类型，和学校所出的考试题有很大的差别，在应对学校考试上有些不够。后来我在网上发现了一个叫作“zocbo.com”的网站。这个网站上有很多学校的考试试题，并按照科目、单元、学校进行了归类，这正好解决了我们当前的问题，心里非常高兴。

在每个单元结束之后，我会让艺珍做相应单元的题，但是有一些需要灵活应用整个单元内容的应用题非常难，也有很多问题根本就解答不出来。不过只要是解答出来的问题，艺珍对这部分的记忆就会特别深刻。因此，我让艺珍把江南很多学校的试题都试着做了一下，让她通过接触不同的题型来巩固所学的内容。但是如果不提前预习，在考试日期确定下来以后，做试题的时间就显得很不够。所以，在放假的时候我会要求艺珍先把课本上的所有内容看一遍，然后在学期中的时候按照学校的日程安排来做相应单元的试题。因为在假期里已经和我一起完成了对课本内容的学习，所以艺珍在学校里只需要复习一下，如果有不懂的问题再向老师请教，这样的话应对考试就没有太大的问题了。

通过这种方式的学习，艺珍在初中三年期间一直在班级里保持着前两名的好成绩，在全校的排名也比较靠前。

在考试中我逐渐发现，孩子的应用题解答能力决定了考试成绩的好坏。很多父母重视课外私人辅导的很大一部分原因也是为了应对考试中的应用题。如果孩子在准备考试的时候只需要理解所学内容的话，就没有必要像现在一样花高额的费用来请私人辅导了，但是真实情况却是难度较大的应用题左右着孩子的实际成绩。因为就算是对课本上的内容了如指掌，在解答考试中出现的应用题时也有很大的困难，所以自己学习的孩子就会显得非常慌张和无助。

为了更好地解答应用题，我选择让艺珍多接触一些新的试题。在解答新试题的时候我们做了一下实验，发现艺珍一次最多能做三十个左右的试题。一段时间之后，双面打印出来的试题已经做了很多，一个 A4 用纸的箱子被装得满满的。虽然听起来有点不可思议，但其实做这么多的试题并不如想象中那么难，因为在做题的过程中相似类型的试题总是反复出现。通过这种题海战术，自然而然地就完成了对所学内容的复习和记忆。

“差不多就行了，出的试题这么难，难道以为所有的孩子都是天才吗？”

虽然我知道做的试题越多就越有可能取得好成绩，但是看到学校出的考试题那么难还是忍不住要抱怨。虽说现在的孩子因为所学的内容比较多，试题太简单就没有多大的训练意义了，但是站在妈妈的立场上还是不希望考试难度太大，希望能够有一个有效的方案来解决这个问题。大家都说现在学生面临的一个问题是基础知识掌握得不够牢固，但是只掌握好基础知识并不能有效应对学校考试。当前并没有一个有效方案来正确看待成绩不太好的学生的不满，大家都只是把原因归咎到学生的身上，站在妈妈的立场上我感觉很心痛。

**TIP 试题网站**

www.zocbo.com/

www.gichool.com/

www.naeshin.com

www.moonje.com/

www.99jum.com/

www.0-buhaza.com

exam4you.com

www.gongbuhaza.co.kr/

www.saemtong.com/

中国境内可参考第二教育网、中考资源网、学科网等。[1]

[1] 中国境内可参考的网站。——编者注

## 记录老师课堂上所讲的笑话

在我上高中的时候，看到课堂上犯困的学生越来越多，老师经常会讲一些笑话或作出一些惹人发笑的动作，让同学们提提精神。每当这时我就会把老师说的笑话记在笔记本上，在家里学习的时候看到本子上写的笑话就会联想到课堂上老师所讲的内容，对理解问题和加强记忆有很大帮助。

之后，我就把老师讲的笑话或诙谐的动作记录在笔记本或课本上，不仅上课时注意力比以前集中了，而且将笑话和学习内容联系在一起之后，我的记忆力也有了明显的提高。

我将自己的经验告诉给已经上初中的艺珍，让她在课堂上用同样的方法记录下老师的言行，结果艺珍听到我的话之后两眼睁得大大的，好像发现了什么了不起的东西。虽然刚开始的一段时间艺珍总是跟我讲老师说过的有趣的话，而不是有关学习的，所以我感觉有点失望，但效果还是有的。

慢慢地，艺珍养成了记录老师在课堂所讲笑话的习惯，这个习惯在她上大学的时候依然对学习有很大的帮助，上课时注意力比较集中。

“妈妈，今天教授说是第一节课，给我们发了棒棒糖。他还是神父呢。虽然教授说了在课堂上吃也没有关系，但我还是给妈妈带回来了，你不是喜欢吃棒棒糖吗？我今天在记笔记的时候还记下了我对这位给我们糖吃的神父的感觉，这都是托妈妈的福才养成的好习惯。怎么样？你是不是觉得我这个学期的成绩会有所提高呢？”

在艺珍上高二的时候，很多成绩优秀的孩子都不再去综合补习班了，而是开始针对一些较弱的科目进行私人辅导。因为高二已经离高考不远了，所以孩子们都开始针对自己不足的科目进行集中学习。这个时候，哪些科目的成绩难以提高已经很明显了，父母们开始花费高额的费用聘请私人家教，专门针对这些科目进行强化和学习。

“妈妈，我听说有一个同学向一位有名的网络老师学习概率，一个小时就要花 200 万韩币！但是这次的数学考试他好像考砸了，我也考砸了。我也好想和有名的老师一起学习啊！”

为了应对包括概率在内的数理领域的高难度试题，艺珍做了一本叫作《千日数学》的试题册，很多数学比较好的孩子都在做这本试题册。这本书由日本东京大学编著，难度较大且试题数量比较多，在做题的时候必须保证有充足的时间。我听说那些数学比较好的孩子，都会坚持每天做一两道题，我也去书店买了这本书，让艺珍试着做一下。

“你如果每天晚上都坚持做两三道题的话，数学一定能学好的。”

“天哪，这么多题什么时候才能做完啊！”

“我不是说了嘛，你只要每天晚上都坚持做的话，数学中遇到的难题很容易就能解出来了。”

就像千辛万苦为孩子买来对身体有益的药的妈妈一样，我盼望着艺珍做完这本书之后数学成绩就会变好了。

“妈妈，这对我来说有点赶鸭子上架，实在是太难了。”

艺珍连书都没有打开就抱怨太难了，但是真的打开书一看却感到非常吃惊。

“妈妈！课堂上老师讲过的问题这上面都有，做完这本书的话对期中考试一定会有很大的帮助。”

通过这件事，让我们知道学校的学习到底有多重要。

随着私人辅导的逐渐兴起，学校教育受到的重视程度相对有所下降。但是从艺珍身上，我们应该看到重视学校教育，牢固掌握在学校所学的知识，足以有效应对高考。在解答论述题或难度较大的问题时，需要以课堂上所学的知识为基础来进行思考，因为大部分的试题都是以课本上的基础知识为出发点的。我们要帮助孩子找到或者让孩子自己找到一种有效的方法，加强对课堂上所学内容的记忆，对孩子将来的学习和考试都会有很大的帮助。

艺珍和我有很多相似的地方。如果不像的话更好，但正是因为两个人很像，所以我能够从自己身上的不足看到艺珍身上的不足，进而采取适当的方法来帮助艺珍改正。我也是一个理解能力较差的人，因此我的方法对艺珍有一定的帮助。我想让大家明白，对妈妈来说是好方法的话，对孩子来说也可能会成为好的方法。

**TIP 学习注意力不集中时**

如果将老师在课堂上所说的笑话或做出的搞笑动作记在笔记本旁边，就算过去很长时间依然能够记得老师当时所讲的内容，课堂时间也可以集中注意力。

## 自己动手制作参考书

在每次考试完之后，将做错的题目整理在错题本上，长时间下来对提高学习成绩会有很好的效果。艺珍没有准备错题本，而是制作参考书。和整理错题本不同的是，艺珍在课本或参考书中找到与做错的题目相关联的内容并记下来，同时对出现考试题目的单元进行概括并找到相似类型的题目整理在一起。因此我和艺珍称其为“参考书”。

自己一个人学习，没有专业的老师进行指导，对于课程的理解就不可能做到十全十美。而且在网上听讲座，理解的范围又容易受到限制，因为听讲座无法进行提问，就算是不理解也要紧跟着进度走，理解的范围自然而然就缩小了。

为了弥补这些缺陷，我让艺珍在每次考试完之后都将做错题目的正确答案在课本上找出来，然后对相关联的内容和相似类型的试题进行整理，制作成比错题本更为高级的参考书。

这是为了避免在下次出现相同的试题或相似的题型时再次出现错误，在培养孩子对课本内容的应用能力方面是一种很好的方法。

在艺珍升入高中之后，最初我们依然采用和初中相同的方法来进行学习，也就是做大量的考试真题。后来发现，与所投入的时间和精力相比，效果并不是很明显，便放弃了这种方法。为什么会出现这样的结果呢？因为每一年的真题和上一年的真题在难度上都存在着很大的差异，随着时间的推移，所出的试题会越来越难。

我让艺珍将整理的内容制作成和市面上所卖的参考书相似的模样，虽然是为了准备下次考试而制作的，但是在制作的过程中又完成了一次复习。因为是女孩子，所以总是喜欢弄得五颜六色的。

我小的时候并没有像现在这么多颜色的笔，而且也觉得用这么多的笔太奢侈了。但是每次和艺珍去文具店的时候，她手里都会紧紧地攥着一把笔。

“你真的需要这些吗？怎么那么喜欢买笔啊？”

“需要，其他的同学都有。”

不管我怎么发火和阻拦，艺珍坚持说自己需要，只好买了。

当我从一位当老师的熟人那里听说，学习好的孩子一般习惯使用各种颜色的笔来做标记以方便记忆之后，我就改变了原有的想法。如果孩子使用自己喜欢的颜色做笔记的话，对学习不容易产生厌烦情绪，视觉上也比较容易区分，对加强记忆很有帮助。为此，我不免觉得有点愧对艺珍。

通过这些整理出来的内容，我们会发现孩子做错的试题类型很多都是相似的，一次做错的试题次次都会做错。从艺珍的情况来看，数学中主要是“概率”问题，英语中主要是与“态”有关的问题，而从科目来看，“物理”和“化学”出现的错误比较多。一旦知道孩子经常出错的题型之后，就可以在网上找一些相应单元和科目的讲义或视频，加强对这部分内容的学习。

回顾和艺珍一起学习的时间，有一些东西对艺珍特别有帮助，比如说参考书。制作参考书有一个缺点，就是花费的时间比较多。在制作参考书的时候最好利用一些零碎的时间，比如说周六下午或周日，因为这段时间注意力不集中，所以学习的效果也不是太好，又比如说在发困的深夜。这些时间段就算是注意力不太集中，对制作参考书也没有什么影响。慢慢地掌握了要领之后，艺珍就不再将做错的题目用手抄上去了，而是直接把试卷剪下来贴到笔记本上。

随着高考的临近，学习的时间越来越紧迫，不能再花费太多的时间整理参考书了。但是，整理知识点对提高学习效果有很大的帮助，因此就算是再忙，就算是没有足够的时间将参考书整理得赏心悦目，我还是要求艺珍要抽出一定的时间来整理，一直坚持到高考前夕。

一般来说，在高考的前一天，为了保证考试质量要好好休息，但是艺珍在高考的前一天仍然在看参考书，可以说有了一个比较完整的结尾。艺珍高考的分数比平时的成绩还要高，我觉得很大一部分原因要归结于参考书的作用。

对于应用能力较差的孩子来说，错题本在出现相同问题的时候有很大的帮助，但我还是想推荐参考书的形式，因为制作参考书对复习所学的内容帮助比较大。

**TIP 将制作参考书的方法制作成表格贴在墙上**

1. 首先找到做错的试题所在的单元，对本单元的要点进行概括和整理。

2. 将类似的问题整理在一起。

3. 在需要把握整体内容的情况下，要和其他单元的内容联系起来进行概括。

4. 制作出来的参考书要赏心悦目。

## 进入英文报社的秘诀就是背诵

艺珍能够和外国人毫无障碍地进行交流，在高中的时候还参加了“英文报纸”班。虽然高考的时候英语试题比较难，艺珍还是得了满分，不得不说她的英语是真的很好。再加上我并没有为艺珍请家教或进行早期教育，就显得更为成功。

艺珍是在即将进入初中的那个寒假开始学习英语的。虽然小学的时候开设了英语课，有一定的英语基础，但那只是针对小学生的单词学习，而真正的英语学习是要学习英语语法。我为艺珍挑选的英语语法书是《尹先生英语语法》，同时上课的时候采用的是一边听磁带一边学习的方式。

我首先让艺珍学习英语语法主要是参考自己的经验。我在学习英语的时候要把语法书放在旁边，会时不时地翻看。对我来说，很难的语法都包含在了语法书里面，通过不断地翻阅和确认，我也变得越来越自信。

现在的孩子从小学就开始学英语，对英语都不会陌生。但是一说到语法，艺珍就有点害怕，觉得特别难，因此我想通过自己的经验，先让她了解一下今后要学的内容和语法的范围。

“从现在开始要学的英语语法都在这里了，你只要知道自己要学什么就可以了，不用都记住，所以也没有必要害怕。”

因为这是从初中到高中期间要学的语法，所以我不想给艺珍太大的压力。但是艺珍对于一边听磁带一边学习的方法感到有些陌生，而且在做笔记的时候还要不断地按暂停键和开始键，非常不方便，所以不太喜欢这种方式。不过很快就出效果了。

“妈妈，这个太有意思了，你快过来看一下。这个人硬是说蛋黄酱是牛奶，想要骗别人，结果却自己喝掉了。你看看它的脸，是不是很搞笑？”

由于我的坚持才不得不学习的艺珍，有一天突然拿着英语语法书对我说了这些话。这都要归功于所选的教材，因为里面的内容比较有趣，解释也不会让人觉得很无聊。慢慢地，艺珍对学习英语语法产生了兴趣。

艺珍将最初学习的英语语法书和字典放在一起，每当在学校学习了语法，都会重新翻开语法书的相应单元进行复习。结果在初中三年的时间里，那本语法书被反反复复地翻阅了很多遍。

和我自己的经验一样，先学习语法有一个好处，那就是每次考试中出错的题目在查阅语法书进行确认之后，孩子心里的不安会减少很多。艺珍在初中三年期间的英语成绩一直很好，做错的语法题在语法书中都可以找到。

升入高中之后，由于学习内容的难度增加，仅仅依靠语法书来应对高考是远远不够的。我便经常让她在网上听一些语法讲座，以便更好地应对高考。艺珍觉得英语中的被动语态和主动语态很难，对语法书中的解释理解得不是很透彻。为了解决这个问题，即便是相同的内容，我还是会让她听一下不同老师的讲座，因为每一个老师的解释都会有一些不同。当艺珍不再害怕英语中的语态问题之后，反复性的学习方式效果就更加明显。之后对于其他一些相对较弱的科目，我也要求艺珍采用这种反复听讲的方式，对于每一个单元的内容都找一些新的不同的讲座来听。

虽然有人说“会话学习的最好方法就是背诵句子”，但艺珍在刚开始的时候只是为了准备考试中出现的填空题才背诵课本上的句子。特别是初中的考试试题中经常会出现关于课本句子的填空题。艺珍初中一年级时的英语老师特别喜欢布置一些背诵课文的作业，在检查作业的时候会让学生们站在讲台上来背诵，这也成为了一个背诵课文的契机。

就这样，一年之后艺珍已经能够背诵很多句子了。因为每一课的内容都有一条主线，所以在背诵的时候想着故事的梗概就比较容易记住。而且课本内容是为了迎合孩子们的口味来编著的，对孩子来说比较有意思。

“妈妈，我是不是很有学习英语的天分？”

越来越有自信的艺珍在背诵课文的时候对我说了这么一句话。虽然说刚开始背诵时花费的时间比较多，但是与其他方法相比，背诵课文的效果比较明显，英语水平提高的速度比较快。

在有了一定的基础之后，我便让艺珍将用韩语解释的参考书翻译成英语。经过一段时间的练习，艺珍已经能够将整本课本背诵下来了。后来她在升入高年级之后也一直坚持背诵课文，长时间下来已经背诵了很多的句子，英语水平也有了很大的提高。

为了能够和外国人毫无障碍、自信地进行交流，平时说话的时候我会要求艺珍尽可能地说英语。但是，想要养成说英语的习惯并不是那么容易，虽然说有很多的方法可以练习口语，比如参加英语社区或者英语进修等，但是在家里学习的时候出声背诵或者大声读书也是一个办法。

艺珍从来没有和外国人一起学习过，但是有一次却和在书店偶然遇到的外国人交流了好一阵。

“艺珍，你没有觉得不好意思吗？妈妈想和外国人说话的时候就会紧张得大脑一片空白。”

“也许是我经常大声读书的原因，一点都没有觉得紧张和不好意思。当我听多了自己所说的英语时，在说的时候就不会觉得不好意思了。”

为了完成老师布置的背诵课文的作业，艺珍经常在家大声读，所以在不知不觉中就产生了自信。虽然说韩国的英语教育是以语法为主，但现在很多孩子英语说得都很好。还有很多孩子就算没有去外国进修或者聘请母语家教，英语也相当不错。

当我听到艺珍说要进“英文报纸”班的时候觉得有点天方夜谭，因为那个班的孩子有一大半都是去过国外或是在国外生活过的。出人意料的是，艺珍考试合格了，还成为了副团长。英文报纸主要是将学校周围发生的事或对老师的采访以英文的形式刊登出来，同时还刊登了报纸班的学生所写的英文随笔。

有一次新来了一位英语老师，问学生班里面谁的英语最好，结果班里的学生都说是艺珍。

“妈妈，我真的没有想到同学们都觉得我的英语最好，当老师让我读课文的时候我很担心，因为怕自己的真实水平被发现。”

“那结果怎么样，表现得好吗？你真的是班里面英语最好的吗？”

“我也不知道，也许是吧。”

孩子的记忆力要比大人想象的好很多，就算背诵很多的内容或者过去很长时间也不会轻易忘记。特别是背诵英语课本上的句子的话，随着时间的推移，孩子将会以这些句子为基础学会灵活运用。从这一点上来看，就算不能够理解，单纯背诵课文和句子，英语水平也将会有明显的提高，这是我从艺珍身上体会到的。

最近的英语教育趋势已经转变为多让孩子大声读，这么看来艺珍的学习方法是正确的。

**TIP 解释句子的方法**

对于艺珍来说，一些要求找出错误用法的考试试题难度很大，在解释的时候我会把一个长句断成几个短句。

•当主语前面出现副词短语和状语从句时，与主语断开。

•在长主语后面断句。

•在长宾语前面断句。

•在真正的主语或宾语前面断句。

•在连词前面断句。

•在关系代名词和先行词的中间断句。

•在插入短语或插入短句的前后断句。

事实上，妈妈们在对孩子解释这一部分内容的时候有很多困难，我建议先听一下网络讲座之后再总结一种有效的方法向孩子进行说明。只有分析句子的方法尽可能的简单，学习起来才更加容易。

虽然考试取得的成绩在一定程度上代表着英语水平的高低，但孩子分析句子的能力也很重要。因此需要首先培养孩子分析句子的能力，这样孩子在学习语法的时候也相对比较容易。我认为，家长有必要聘请私人家教专门教授孩子分析句子的方法。

## 首先查看目录

每当学期结束放假的那天，艺珍的书包里总是装满了新书。

"不是应该开学之后再发书吗？在放假的时候发新书总感觉是强迫我们在假期学习似的！"

艺珍将沉重的书包往玄关前面一放就窝进了沙发里，好像因为发了新书连放假的喜悦心情都没有了，所以忍不住抱怨起来。

我在小时候玩得最多的游戏就是过家家。黄色的碗、红色的饭桌、用手很难握住的小勺和筷子、绿色的菜碗，碗里面盛着用花的叶子做成的菜和用泥土做成的饭，以及用树叶做成的汤，和小伙伴一起玩过家家的记忆一直停留在记忆的深处。但是对于艺珍这个年龄的孩子来说，这些事情只是存在于遥远国度的故事。想到这里，我不免觉得现在的孩子很可怜，失去了那么多的童年乐趣。

对于父母这一代的人来说，大多都有在放假的时候去外婆家，和好久没有见面的表兄弟姐妹疯玩的记忆。大家为了捉蜻蜓在水田里面跑来跑去，结果因为有蚂蟥吸在了腿上被吓得不轻；还经常在小河里面玩耍，结果脸被晒得黑黝黝的。我仍然记得当时落下了很多天的日记，结果在开学的前一天晚上拼命地赶作业。随着时间的流逝，那天晚上的孤独和无助也逐渐变成了甜蜜的回忆。在外婆家吃着亲手烤的玉米，玉米香甜的味道现在再也找不到了，成为了记忆中永远的美味。当时我们将黄色和粉红色的百日红埋在土里，在上面盖上碎玻璃，阳光照在玻璃上发出一道道黄色和粉红色的光芒，当时那个光彩绚丽的花的坟墓对现在的孩子来说也是陌生的。

回想起以前的这些事情，再听到艺珍说的话，我的心里就好像被插了一把刀似的隐隐作痛。看到那些堆得像小山一样的新书，我的心里也有些负担，于是向朋友诉说了我的烦恼。

“怎样才能把那么多的内容都放进孩子的脑子里呢？说实话，我真的很担心。就没有什么好的办法吗？如果把书放在孩子的头上，只要不断地敲打书，书中的内容就自动地进入孩子的脑子里就好了！”

每次发了新书之后，艺珍都会用透明的塑料封皮包起来。我和艺珍一起打开新课本，想先了解下学期要学习的内容，于是我们先从目录看起。

“目录中列出了课本里的所有内容，看目录就可以知道以后学习的方向，就好比是从人工卫星上俯瞰要找的地方一样，一目了然。”

我为了向艺珍强调目录的重要性，对她说了这么一句话。艺珍的主要问题是对内容的整体把握能力太差，让她先熟悉目录对区分各个单元的内容会有所帮助，同时在学习的时候也更容易将各个单元的内容联系起来，学习效率将会有很大的提高。

“为什么要说到人工卫星啊？”

“学习的时候只埋头看书上的内容，就像是不知道前进的方向只是盯着地面往前走的人一样。人只有知道自己要去的地方，去那里的目的，才能最终走到终点。你如果熟悉了课本的目录，在记课本内容的时候就比较容易。不看目录只看课本内容的话，就好比不看山的全貌只看树木一样，视野比较狭窄。

妈妈觉得先看目录对理解课本的整体内容会有很大的帮助，而且也比较方便记忆……”

将想要表达的意思用比较贴切的比喻来传达给艺珍，对我来说是比较费劲的一件事情。我不禁想，如果自己有控制别人行为的能力就好了，这样不管说什么艺珍都会照着做，就不用花费那么多的时间和精力来解释了。

艺珍在学习的时候只会看到眼前的内容，不会将内容联系起来。有一次我问她：“现在学的这一单元讲什么内容啊？”结果她却回答不出来。原来，一直以来艺珍在学习的时候都没有具体的计划，连学习的是哪一个单元都不知道，所以才导致无法把握整体内容。如果继续这样下去，可能慢慢地连自己所学单元的标题和小标题都不知道了。在后来辅导艺珍学习的时候，我便要求她在练习本上写出整个单元和各个小单元的梗概。即便是这样，艺珍所养成的习惯依然没有改掉，对我的要求不停地发牢骚。

在艺珍高一的时候，有一次我去参加家长会。在老师与父母们交谈的时候，我才知道班主任老师的学习秘诀和我是一样的，因此非常高兴。

“当结束一天的课程之后合上课本，然后看着目录回忆一下当天所学的内容。在开始上课的时候也可以采用同样的方法，在上课之前翻开课本的目录，努力回忆前一天所学的知识。虽然其他同学在休息时间都会背诵课本或做题，但我却觉得目录比较重要。可以说这是我的学习秘诀。”

这位老师毕业于首尔大学的国文专业，他说要是我们知道他在高中的时候都不怎么学习一定会很吃惊的。之所以现在能够成为老师，很大一部分原因是因为比较重视课本的目录，经常会看着目录回忆以前所学过的内容，所以学习的效率比较高。

他的另外一种学习方法就是在休息时间读课堂笔记。他强调，虽然看课堂笔记能够帮助背诵所学的内容，但是这种方法对整理课堂内容有更好的效果，能够使我们更准确地抓住内容的主线。而且，熟悉了课堂笔记之后，能够更好地将接下来要学的内容和之前的内容联系起来，上课时注意力也比较集中。

看着课本目录回忆所学过的内容，有助于从整体上理解课本上的内容，关于今后要采用怎样的方式进行学习，思路也比较清晰。听完老师的话之后，我觉得必须要改掉艺珍的坏习惯了。

虽然老师谦逊地说自己以前是一个不怎么学习的孩子，但我感觉他应该和艺珍一样是个淘气包。对于理解能力不是很好的艺珍来说，利用目录的学习方法效果很好。听到老师和我有相同的想法，我感到非常高兴。更重要的是，因为老师的经验最终取得了好的结果。

### TIP “目录”是人工卫星，是地图

1. 先熟悉目录，对将来要学的知识有一个大致的了解和把握，会在一定程度上提高学习的效率和效果。

2. 在课下看着目录复习学过的内容，在上课之前看着目录回忆前一天的学习内容，坚持一段时间，仅仅依靠在学校的学习也能够取得最大的效果。

## 给不喜欢看书的孩子放漫画电影

艺珍小时候很淘气，特别讨厌看书。为了让她看书，我费了不少心。我看到周围有些家长每周都和孩子去图书馆借书，或者当作散心和孩子去书店看书等，也尝试过这些方法。艺珍的伯父为了让子女多读书，让他们充分利用租书的地方，然后在每个月的月末一起结算费用。通过这种方法，艺珍的堂姐们的阅读量要比其他的孩子多很多，学习成绩也很好。看到这么成功的例子，我也很积极地试了一下，在艺珍睡觉之前给她读一些童话书，结果艺珍却很不喜欢听。

“我已经很困了，不读不行吗？太吵了，都不能睡觉！”

当收到别人送的童话书时，艺珍就会给书中出现的人物脸上画上胡子或者痣，还不满意的话甚至会将书中人物的脸给剪下来，每当看到这些我就很生气。有时候，听说朋友的女儿很喜欢读书，心里就有些羡慕甚至是嫉妒，也让艺珍坐在书桌旁看书，但她只能坚持很短的时间，不久就趴在书上睡着了。我不想让艺珍对读书产生抗拒的情绪，所以不能一个劲儿地强迫她。而且也不想让艺珍成为大人之后，一看到书就想起妈妈那张发火的脸。

我听到过这样的经验之谈，说是学习好的孩子因为在小的时候读了很多的书，所以思维和眼界比较开阔。我觉得不能再继续放任艺珍了，要找到其他有效的方法才行。因为艺珍比较喜欢漫画，所以我决定选择一些可以代替童话书的漫画电影让艺珍看，这样看得多了艺珍可能会慢慢地喜欢上书，也会逐渐明白读书的必要性。

最开始选择的是一部名为《红绿山墙的安妮》的电影。这部电影在我小的时候播放过，当时我在电视上看得津津有味。在艺珍上幼儿园的时候又开始重新播放，我专门抽出时间录了下来。录这部电影的时候，为了防止遗漏一些场景而导致内容不连贯，我还专门调整了一下自己的日程。那时并不像现在这样可以轻易购买到各种影像资料，因此看到那时所录的电影不免有种恍如隔世的感觉。

那时的漫画电影表现得很细致，对于小小年纪的我有很大的触动。虽然看书也可以发挥想象力，但是直接用眼睛看到的美景就像照片一样深深地印在了脑海中，这就是影像所独有的魅力。

看到这部电影，我的眼前仿佛出现了这样一副画面：在某个幽静的乡村，有着草绿色屋顶的房子，清澈干净的小溪缓缓流淌，我沿着被枫叶覆盖的羊肠小道走着，最好的朋友正在前面怀着愉悦的心情迎接我的到来。

挑选的另外一部电影叫《呵呵大婶》。这部电影不仅画面很美，而且出场人物的语言表达具有文学性，再加上讲述的是关于孩子的事情，对于培养孩子的社交能力和人际关系处理能力具有很好的典范作用。我几乎每天都会给艺珍放这些电影，就算是反复看相同的内容她也不会觉得厌烦。况且我自己也很喜欢，所以反复观看也不会觉得难以接受。

回顾过去的时间，不管是什么事情，只要我不忽视艺珍的反应，能够接受她的意见，结果往往是好的。特别是在艺珍不愿意读书的情况下，没有强制性地要求她读，我认为自己在这一点上做得还是比较好的。我和周围一些学习理科的孩子的妈妈交流后发现，大部分的孩子都不喜欢读书。当我知道几乎所有的孩子都不喜欢读书的时候，心情突然间就好了起来。

朋友的孩子和艺珍同岁，从很小的时候开始就非常喜欢读书。她现在已经升入了大学，学的是国文专业。每当把艺珍和朋友的女儿进行比较的时候，我就感觉很羞愧，因为艺珍实在是太调皮太爱玩了。但是回头想一想，朋友的女儿和艺珍只不过是兴趣不同而已，这也是我最近才明白的。

我想告诉那些父母们，就算是孩子不愿意读书也不用太过于担心，这只是兴趣上的差异，并不代表能力上的差异。同时我建议，做父母的不要因为孩子不喜欢读书就胡乱给他们看一些影像资料，要选择一些可以代替书本、能够学到知识的影像给孩子播放。

艺珍看过《绿山墙的安妮》之后还有一个额外的收获，那就是我和艺珍之间有了共鸣。现在艺珍的英文名字叫普里西拉，普里西拉是安妮高中时期好朋友的名字，艺珍非常喜欢性格活泼的普里西拉，因此就将她的名字作为了自己的英文名字。显然漫画里出现的普里西拉的行为对艺珍产生了一定的影响。看到这样的艺珍我不免感慨，好的影像对孩子产生的影响将会远远超出妈妈们的想象。

## 利用电视剧进行语言领域的学习

“这部电视剧的主题是什么？”

“让大家节约零花钱，是不是啊？”

“为什么要节约零花钱呢？”

“生活太奢侈的话最终会落魄的，所以说我们从小的时候就要注意。”

在和艺珍一起看电视剧的时候，我经常会问她所讲的主题是什么。因为艺珍不愿意读书，所以我就让她在电视剧中寻找那些书中能够给我们的启示和教训，或者从她喜欢的漫画电影里面学到有益的东西。喜欢读书的孩子能够有条理地表达出自己的想法，运用语言的能力比较强；不怎么读书的孩子往往表达能力不足，语言运用能力也很有限。因为这些孩子除了能够在日常生活中接触到一般的表达方式，根本就不知道用其他的方式来表达自己的想法。但是培养孩子的表达能力并不是只能依靠书本，我和艺珍一起看电视剧或者她喜欢的漫画电影的时候，经常会问她电视剧或电影的主题，让她表达自己的想法。

当艺珍说不出是什么主题时，我就会告诉她我的想法，然后让她根据我的提示讲讲自己的想法。有一次，艺珍忍不住问我："妈妈，你为什么要经常问我主题是什么啊？"我一直在等着她的这句话，于是告诉了她不读书可能会产生的问题，并一再强调读书的重要性。

于是，艺珍慢慢地开始对读书产生兴趣。在艺珍上初中，《哈利波特》系列书籍出现的时候，她一个劲儿地缠着我给她买书。当我看到艺珍熬夜一口气看完厚厚的一本书时，觉得长时间的等待终于有了价值。

从艺珍身上，我发现孩子不喜欢读书只是没有找到读书的乐趣而已。如果孩子喜欢机器人，就给孩子买有关机器人的书，如果喜欢洋娃娃，就买漫画书，不管是哪种类型的书籍，最首要和最重要的是能够激起孩子的兴趣。

现在，艺珍已经读了很多的书，我想告诉各位家长的是：不要因为孩子讨厌读书就太过于担心。在孩子成长的过程中，只不过与其他方法相比，读书在培养孩子的思考能力和增长经验方面更加有效。我采用的方法就是问孩子所看电视剧或电影的主题，以及看完之后的感想等。艺珍在写作文的时候，语言表达很有条理，能够形象地表达出自己的想法，我想这与我所采用的方法有很大的关系。艺珍在上学的时候国语和语言领域的分数算是比较高的，大部分选择理科的学生这些科目的分数都相对较低，而不喜欢读书的艺珍却能取得和文科生一样高的分数。在高考时会出现一些课本之外与文学无关的试题，课本上出现的文学试题只要背诵下来就可以了，但是课本之外的非文学试题却是没办法背的，所以很多学生在语言领域很难取得高分，学习起来也比较吃力。不过，这些问题对艺珍来说并不难，我觉得主要原因是我在看电视时经常问她主题的训练方式奏效了。

就算是孩子读了很多书，家长们也要尽可能地在孩子读完一本书之后，让孩子概括书中的内容或者想要表达的主题，因为只是单纯地读书并不能使孩子养成思考的习惯。艺珍不喜欢读书，我并没有强迫她，而是通过其他的媒介来培养她的思考能力，并最终取得明显的效果。我希望各位家长也能够仔细观察孩子，找到一种可以代替书籍来培养孩子思考和表达能力的方法。

### TIP 对于不喜欢读书的孩子

1. 如果想以漫画来代替书的话，要针对漫画内容和孩子进行交流和讨论。

2. 在看电视剧时，询问孩子电视剧所表现的主题，培养孩子的思维能力。

3. 让孩子可以轻易地接触到书。

4. 孩子不愿意读书时不要发火，要先告诉他们读书的好处，并耐心等待。

## 即使不喜欢读书也能得到写作大奖

如果孩子没有接受私人辅导而是自己学习的话，对于妈妈来讲，孩子的学校作业是很让人头疼的一件事。只是完成在家里计划的学习任务已经很紧迫很辛苦了，再加上学校老师布置的作业，就更加困难了。艺珍的艺体能作业很多，由于作业分数会反映在考试成绩中，因此为了做这些作业非常辛苦。其中有一项作业就是写作。

关于写作，艺珍还没有做好最基础的准备工作。不仅词汇量不足，而且对写作的结构也没有一个基本的概念。

“妈妈，今天的作业是写一篇关于环境保护的作文。我要怎么写啊？”

每次看到艺珍遇到难题时要求妈妈帮忙解决的样子我就会联想到雏鸟，雏鸟并不关心老鸟为了寻找食物受了多少苦，只是扯着嗓子要吃的。为了从每次内心所受的压力中解脱出来，我开始摸索一些有关写作问题的解决方法。

写作就是针对某一个主题将自己的想法以文字的形式表现出来，我认为写作时重要的不是如何用文字来表达，而是用文字来表达怎样的想法。每当老师布置了写作的作业，我都会给艺珍讲一遍写作的方法和技巧，我想通过这种方式逐渐消除孩子对写作的恐惧。

“艺珍，是写好文章重要，还是文章的内容重要？”

“虽然内容很重要，但是写好文章也很重要，不是吗？”

“文章表达的是作者的想法，是将自己的想法变成文字，所以写作文的时候不要有负担。在符合作文主题的前提下，完整地表达出自己的想法才是最重要的。那你先说一下自己对于自然保护的想法吧。”

“我觉得我们应该保护动物和树木，但是这些内容要怎么用文字写出来呢？”

“你想要表达的是我们要保护自然，所以要首先寻找素材。你自己找一下有关自然保护的素材就行了。”

“我们上次去旅游时看到过‘野生动物专用道路’，就以这个为素材可以吗？”

沉默了一阵之后，艺珍突然想起来曾经去江原道旅游时见到的野生动物专用道路，这件事连我自己都记不起来了。

“不错，很好的想法……既然找到了素材，就试着说一下与素材有关的内容吧。”

“野生动物保护道路是为了保护因穿梭于山中的道路而遭遇车祸死亡的野生动物而建立的，这是人们保护自然的一个典型事例。在山中看到这样的道路，我感到很新奇，同时看到人们为保护动物作出的努力，我真心觉得人很善良。虽然经常听到人们口头上说保护动物，但是亲眼看见动物专用道路的时候心底还是有些震撼，觉得这些人真的很善良。”

当听到艺珍说看到人们为保护自然而作的努力，觉得人很善良的时候，我心里非常高兴。

“那么，现在就试着将这些内容写下来吧，按照绪论、本论、结论的形式写就可以了。首先，绪论中要包括选择这一素材的原因或关于素材的说明，本论要说明野生动物专用道路对保护动物有怎样的影响，最后在结论中要说明看到野生动物专用道路之后给我们的启示，以及今后我们为保护动物或保护自然应当作出怎样的努力。先不要着急写，要先用语言表达出自己的想法之后再下笔，写作时你自己的想法才是重要的。当系统地理清自己的想法之后，按照作文的格式要求表达出来就可以了。最后还有一点需要注意的，就是你的文章一定要积极向上，能够对读者有所帮助。”

我让艺珍在一张很大的纸上按照绪论、本论、结论的顺序做了一个表格，然后在每一部分的空格里填上主要的单词。艺珍在绪论里面写的单词是江原道、旅行、野生动物专用道路，本论里的是保护自然，结论里的是“保护自然的人很善良”。

我让艺珍看着所写的单词说一下故事的整体内容，不过这对于她来说很困难。于是我就替艺珍说了一下她的想法，然后让她将单词扩展出来的内容整理一下，最终写出了一篇作文。艺珍将写好的作文交上去之后，竟然在全国学生写作大会上获得了优秀奖，付出的辛苦终于有了回报。

写读后感或纪行文时也一样，我让艺珍先想好要写的内容，然后按照绪论、本论、结论的格式将单词填入相应的空格中。做完这些工作之后，就将这些单词进行扩展，详细表达出自己的想法。在这个过程中，我会帮助艺珍稍微整理一下想法，再让她开始写。通过这个方法，就算是艺珍的词汇量不足，没有接触过类似的文章也能够自己完成写作。虽然其中有我的帮助，但是从那之后，不喜欢读书、比较被动的艺珍对于写作已经没有那么大的压力了。对于我来讲，辅导艺珍的写作作业时也没有那么辛苦了。

有一位随笔作家曾经说过，如果希望孩子写好日记的话就多给孩子看写得比较好的日记。这位作家主张所有的文章都是从模仿开始的。孩子不害怕写作并不代表写得好，所以我经常让艺珍看一些其他人写的纪行文或读后感。通过这种方法的学习，艺珍的语言表达能力有了很明显的提高。

所有孩子的想法都很纯真很有趣，在养育孩子的过程中有一件让我很愉快的事，那就是倾听孩子的想法。当老师布置了写作作业时，艺珍为了表达自己的想法费了很多的心思，样子很真挚，和在讲述学校发生的事时有很大的不同。而且艺珍的想法要比我预想的更加独特和有趣。

看到我高兴，艺珍慢慢喜欢上了表达自己的想法，也逐渐增强了自信。更重要的是，她渐渐从写作的负担中解脱出来了，对表达自己的想法更加得心应手。

在养育孩子的过程中，家长需要经常称赞孩子，以此来培养他们的自信心。但是我认为，一些毫无理由的称赞并不能产生任何的帮助，稍有不慎甚至会导致孩子养成一些坏习惯。我会尊重艺珍的想法，在日常生活中尊重要比称赞更能让孩子产生自信，效果更加明显。在写作文的时候，艺珍的想法或表达并不是很完美，但是我不会对此提出质疑或批评，只是委婉地指出一些需要改正的地方，再让她按照自己的想法来写。渐渐地，艺珍不再害怕表达自己的想法，还在写作大赛上获得了很多的奖项。虽然能够得奖有一部分原因是因为掌握了写作的方法，但我觉得更重要的是她能够完整细致地表达出自己的想法。

**TIP 写作要领**

绪论——选择素材的动机

纪行文要说明去此地的原因

读后感要说明选择此书的理由

本论——正文的内容

素材的介绍

纪行文中要对去的地方进行全面介绍

书的内容

结论——自己的想法

通过素材来表达自己的想法并说明文章的主题

读书时自己的感受

纪行文中要记录回来后的感受

方法

1. 在纸上按照绪论、本论、结论的顺序做好表格，然后让孩子将主要单词填入其中。

2. 让孩子看着填写的单词说一下自己的想法。

3. 在结论中要让孩子表达自己独特的想法，妈妈可以给予帮助。

4. 写作时要参考其他人的文章，学习他人的表达方法。

## 便条纸学习法

艺珍进入高中之后成绩不是太好，为此我的心里很不安。离高考越来越近了，所以这时的不安和初中时对成绩的不安是很不一样的。

为了管理艺珍繁忙的时间，给疲倦的艺珍提供一些帮助，我要一边操心一边努力战胜不安的情绪。对我来说，最困难的就是在考试期间守在艺珍的身边，不让忍不住犯困的艺珍睡着。我在那个时候也很难赶走瞌睡虫，就利用午觉来补充睡眠，于是也让艺珍利用休息的时间来睡觉。我知道很多学习好的学生都会利用午饭时间或者课间休息时间等一些零碎的时间来补充睡眠。但是艺珍就算是在这些零碎的时间里睡了觉，在考试期间也很容易犯困，所以我必须要在旁边进行监督。因为不能对艺珍说“我是为了监视你”这样的话，所以就在旁边帮艺珍在参考书上找到做错试题的解答，以此来打发时间。

深夜坐在艺珍的旁边，我会帮她找到做错试题的相关内容，然后将需要背诵的内容或者修饰比较复杂的数学问题贴在她制作的参考书上，以方便她查看。我想着如果收集更多内容的话应该会对艺珍有所帮助，在做完家务之后就开始看堆在窗边的参考书。因为艺珍要拿着课本去学校，所以我就在参考书中找到艺珍比较容易出错的问题或者需要背诵的内容，然后贴在纸上。

在艺珍上初中的时候，如果哪一页的内容比较复杂或者需要背诵的内容较多时，她就会把那一页折起来，以便随时进行确认和翻阅。就算注意力不是很集中，但是只要看得多了，在不投入很多时间的情况下也能够将内容背下来，并且不会轻易忘记。

因此我将一些复杂的数学公式和问题答案贴在卫生间的门上，好让艺珍在上卫生间的时候能够经常看一下。在做有关作品和作家的问题时艺珍经常出错，主要是她总是把作家和作品混淆，因此我就让她用不同的颜色标出来，这样就比较容易区分，而且方便记忆。虽然探究领域的问题艺珍不会轻易混淆，但是因为需要记忆的内容比较多，所以我就把这些内容以图表的形式列出来贴在艺珍的床头上。同时将艺珍的时间表和记载着要学的内容的日程表贴在电视机的侧墙上，让她时刻保持紧张感。看着时间表，对于消除我内心的不安也很有帮助。

当需要更换这些贴纸颜色的时候，我会检查艺珍的背诵情况，然后在更换的纸上写下新的内容。我并不会将更换下来的纸扔掉，而是全部都集中在一起，一段时间之后就已经积攒了很多。在最后对艺珍所学的内容进行检查之后我发现，在学习时就算只是用眼睛看，能够背诵下来的内容也相当多。

不知道从哪一天开始，艺珍房间的床边，甚至是衣橱上都密密麻麻地贴满了记有学习内容的黄色便条纸。虽然刚开始是我为艺珍贴的，但是之后艺珍就开始自己贴，看到房间里贴的便条纸我就知道这种方法奏效了，对学习很有帮助。慢慢地，家里到处都能找到便条纸，就像是用便条纸来贴的墙纸似的。

“我有两种想法。刚开始一进家门就看到家里到处贴着与学习有关的便条纸，我心里非常反感。但是慢慢地看到这些不时进入眼帘的内容，我觉得‘不管怎样我都要学习才是’，因此心里面就接受了，开始主动地去看去熟悉这些内容。”

艺珍看着家里面贴的便条纸说了这么一番话。显然，在家里贴着有关学习的内容一定会对孩子的学习有所帮助。

期中考试结束之后，一身疲惫的艺珍从学校回到家便一个劲儿地说个不停。

“妈妈，在第二节的课间休息时间我睡着了，醒来之后发现已经到了午饭时间。”

“那么三四节课怎么办了？”

“不知道，其他同学说我还打呼噜了。不过老师没有管我，只是我自己觉得太丢人了。”

听艺珍的语气，好像很庆幸老师能够理解。

“妈妈，我听了同学的话之后觉得老师好像能理解我们的辛苦。”

我听完艺珍的话之后，觉得应该让她吃一些保健品了。现在的孩子学习太辛苦了，所以周围很多家长都会给孩子吃韩药或营养剂等各种各样的保健品，我曾经也吃了大概 6 年的红参。虽然并不能保证这些东西一定对孩子的身体有好处，但是吃要比不吃的时候精神好一些，不会像以前一样看起来很疲惫了。

我经常看到艺珍因为压力太大，不自觉地就皱起眉头，一副无可奈何的样子，每当看到这些我就感觉心里很难受。严重的时候，艺珍甚至都吃不下饭，就算勉强吃下去也不消化，而且这种情况越来越多，导致身体很虚弱，经常感冒。直到高考结束之后我才明白，孩子表现出来的这种模样是自身付出努力的证据。

艺珍有一个同学成绩很好，在学校的模拟考试中所有的科目都是前两名，但是在高考中却发挥得很不好。

“那个同学说高考的分数是自己得到过的最低分数，是自己把高考想得太简单了，所以才导致了这样的结果。”

听完艺珍的话之后我才第一次知道，原来就算是三年期间所有的科目成绩都很好，在高考的时候也有可能会考砸，很意外很多高考没考好的孩子平时的成绩都很好。但是艺珍的高考成绩却是三年期间得到的最高分，这是因为艺珍没有将高考想得很简单，为了考出一个好成绩承受了很大的压力，正是这些压力让艺珍在考试的时候更加慎重，直到坚持到最后一秒钟。因此，就算孩子在学习的过程中承受了很大的压力很辛苦，家长们也不必太担心，适当的压力将会对孩子的学习有所帮助。

在艺珍进入大学一段时间之后，我仍然没有整理她的房间。每当进入她的房间，回想一路走来遇到的困难和取得的成绩我就感慨万千，有种恍如隔世的感觉。看到作为考生妈妈的我忍不住回味之前所承受的重压，不禁苦笑起来。

**TIP 便条纸活用法**

以热衷于自我开发而广为人知的喜剧演员赵慧莲，曾经学过日语，向比较繁忙难以抽出时间的人推荐了便条纸学习法。

## 学习艺体能科目时可以上培训班

艺珍曾经去公寓的楼顶练习过跳绳，因为初中一年级期末体育考试的内容是要求一分钟完成 30 个跳绳。当我从艺珍那里听到考试内容的时候，觉得她是不是没有听清楚老师说的话，还让她不要老说一些不现实的话。

“应该是 10 分钟吧，还有怎么可能连续做 30 个呢？”

“妈妈，是真的，老师还亲自在我们面前演示了，而且我的同学秀妍也做得很好。”

我刚开始是不太相信的，但看到艺珍睁大眼睛说得有板有眼，最后不得不接受了。因为我自己跳绳的时候从来没有成功过，所以只希望艺珍不要像我。

“那么你能跳几个呢？”

“有时候一个都跳不了。”

可以说，艺珍遇到了一个很难渡过的难关。不过既然老师决定采用这种方式来考试，那么努力练习的话一定会有希望通过的。于是我便带着艺珍到公寓天台上练习跳绳。虽然一开始想去学校操场练习，但是想到别人看到我和艺珍的样子肯定会觉得很好笑，所以就选择了天台。

幸运的是，我们家住在最顶层，就算练习的时候有噪声也不会影响到其他人。但是因为平常几乎没有人到天台上来，所以味道很重，而且到处都有发霉的痕迹，使我们看起来很凄惨。

我自己不会跳绳，却还要求艺珍来练习，感觉有些难为情和心虚。不管是现在指导艺珍，还是曾经作为考试的当事者，我一次都没有做好过。在陪艺珍练习的时候，我就只能按照自己的想法瞎指导，告诉艺珍在跳绳的时候速度要快，并且身体要像虾背一样弯下来。结果在我向艺珍示范的时候却摔倒了，弄得自己很郁闷，生了一肚子的闷气。当听到丈夫打趣说真不知道艺珍到底像谁，这么没有运动细胞的时候，我忍不住发了一通的火，和丈夫吵了一架。现在想想，觉得真的很好笑。

第二天艺珍从学校回来之后，说有几个同学商量想一起去体育培训学校进行课外辅导，说的时候一脸兴奋。我实在没有其他好的办法了，就把她送去了体育培训学校。上了一周左右的课，艺珍的水平就有了明显的提高，一分钟能跳10个以上了。之后我便利用假期的时间让艺珍学习一些其他的才艺，音乐方面选择的是短萧，美术方面选择的是水彩画。

其他的科目只要用心学习就可以了，但是艺体能科目如果没有这方面的才能是学不好的。不过就算是没有这方面的才能，如果在培训班学习并熟练掌握相应方法的话，还是会有一定帮助的。所以我一直坚持让艺珍上这些艺术班，每当放假的时候就会让艺珍去音乐培训班和美术培训班学习。

我让艺珍去补习班学习这些艺体能科目是为了让她学到方法，比如说在跳绳的时候脚掌要向上。这些科目艺珍学得都很好，所以她很高兴。一有时间就会吹吹短萧，或者画一些玩具熊的水彩画，然后压在饭桌玻璃的下面。艺珍还常常去运动场，很快就学会了打排球，虽然日子过得很繁忙，但是也找到了乐趣。看到这些，我不禁感激当时那位老师在考试的时候让学生跳绳了。

因为艺珍在这些方面天分并不高，所以就没有必要投入太多的时间，只是在假期里稍微学习一点，让艺珍放松、高兴一下而已。学完这些东西之后，艺珍在吹短萧、制作木版画、篮球 20 个投篮、排球 1 分钟 60 个托球等考试中很轻松就能通过了。由于在初中的时候已经熟悉了这些艺体能科目，在艺珍升入高中之后面对这些科目时就相对比较简单了，没有遇到太大的困难。

如果孩子在艺体能方面没有太多天分的话，那么家长们可以选择让孩子在假期去培训班学习一段时间，这样对高中的综合测评分数是很有帮助的。因为高中会有这方面的考试，如果孩子在初中没有上这些培训班的话会非常吃力。

几天前下了一场梅雨，空气中弥漫着一股青草的清香，于是我和艺珍去家附近的护城河边运动了一下。艺珍最近体重增加了很多，所以就拿着跳绳去了。我们突然想起来初中的时候在公寓天台练习跳绳的事情，忍不住大笑起来。

“妈妈那时候实在是太奇怪了，一个劲地嚷嚷着让我弯成大虾背的样子。由于太强人所难了，所以我一生气就从天台上跑下去了，您还记得吗？”

“那个时候是身体不好才会那样的。”

“妈妈要先示范一下再让我照着做啊，可您只是说让我跳快点，身体弯成大虾的样子，我当然会一气就跑下去了啊。还好同学救了我。”

“现在还会吗？”

在艺珍初中的时候，我用沉重的身体给她示范跳绳最多能够连续跳 5 个。想起那个时候，我忍不住想，现在的妈妈真的要全能才行啊！不过就算是有些做不好，像艺体能这方面的可以好好利用一下私人教育机构，这将是一个不错的方法。

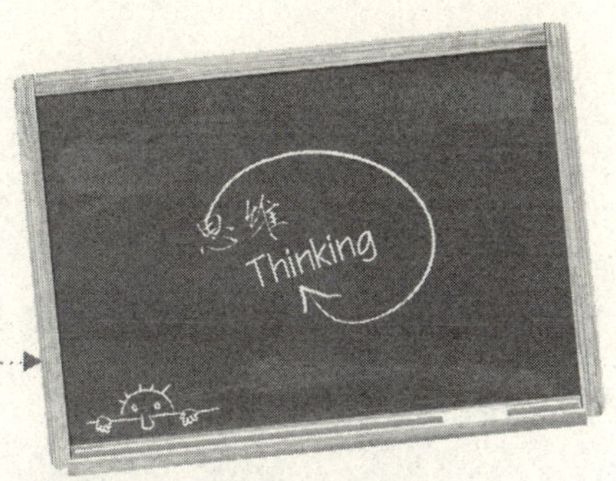


# 第四章

# 专门为思维散漫的孩子准备的入学考试检查站

## 开发孩子才能的教育

最近很多妈妈从孩子上小学就开始苦恼怎样才能让孩子好好学习，因为她们已经认识到小学时期的教育已经能够在一定程度上影响孩子未来的人生方向，所以理应重视小学时期的教育。但是和妈妈们怀揣的美好愿望不同的是，大部分的妈妈完全不知道应该怎样准备，以至于看到什么就想让孩子学，我当时也是如此。艺珍上小学的时候，每次看到她的成绩就很焦急，经常会到一些成绩好的孩子上的补习班门口徘徊，有点病急乱投医的倾向。

在这期间我遇到了一位妈妈，她只要求孩子认真学习自己喜欢的一门课程。她的孩子英语成绩很好，最终考入了大元外国语高中。考外高时需要有初中的平均成绩，所以我很好奇一个只学习英语的孩子是怎么考上的。这个孩子的妈妈告诉我，让一个喜欢英语的孩子集中学习英语的话，其他的科目自然而然地就会跟上来了。更让人吃惊的是，其他的科目竟然没有上过补习班。听到这位妈妈的话，我想“这真的可能吗？如果早点知道的话我也试试了”，心里非常羡慕，觉得这位妈妈的耐心真的很值得敬佩。也许这种方法真的能让孩子每学年、每学期的考试成绩都有所提高。

我刚开始还想这样的孩子能有几个呢？但是仔细观察了一下，意外地发现很多只专注于学习自己感兴趣的科目的学生都考上了大学。这种情况应该是妈妈们从孩子小学的时候就认真观察孩子喜欢的科目，然后当作特长来培养的结果。艺珍周围也有很多这样的朋友。

忠贤小时候在汉文竞赛中得过奖，在进入大学之后每年都会参加举办的汉字竞赛并得奖，并且在庆熙大学汉字竞赛中拿到了大奖。忠贤一直没有放弃自己的兴趣，最终被首尔大学以特长生录取。

夏静也一样。她从很小的时候就开始学习俄语，因为周围没多少学生学习俄语，所以比较容易就考上了延世大学的俄语特长生。

贤宇对科学很痴迷，学习的时候非常认真，每个假期都会参加大学开设的科学班，做了很多的实验。有了这些实战经验，贤宇在科学竞赛中取得了很好的成绩，并以第一名的成绩考入了 KAIST 韩国科学技术院。

雨林每个假期都会参加志愿者活动，志愿时间超过了 1 800 个小时，所以在大学考试中获得了加分。每到放假，雨林一家都会放弃休假时间，到敬老院或者孤儿院献爱心，在周围小有名气。最初是因为学校规定学生每个学期至少要做 8 个小时的志愿者活动，以此为契机，之后雨林每个假期都会去做志愿者。

这些孩子最开始只是在某一个领域崭露头角，但是随着时间的推移，你会看到他们在其他方面也做得越来越好。更让人惊讶的是，因为这些孩子从小就选定了人生方向，所以在实现这一目标的过程中不论遇到怎样的困难都会想办法努力克服。

如果家长们想从小就发掘孩子的特性并加以培养，但是又像我一样没有作好准备的话，我建议可以好好利用一些机构专门针对孩子而开设的多样化项目。通过这些项目找到孩子的特性，然后选定今后的教育方向，这样提前作好准备将会对孩子的未来有很大的帮助。

现在艺珍已经长大了，回过头来想一想我发现，就算是知道小学和初中的考试成绩对孩子来说没有太大的意义，但是每次到考试的时候我依然很敏感。实际上，这个时期的成绩对高考并没有太大的影响，所以重要的不是孩子的成绩，而是孩子的兴趣何在，以及兴趣的持续时间有多久，这才是家长们应该关心的事情。

**TIP 了解孩子特长及相关项目的地方**

在韩国青少年野营协会（www.icamp.or.kr）可以了解和接触到多样化的野营信息，每个假期都可以进行未来发展方向适合性与否的体验。

## 先行学习的点滴

我最初对先行学习持否定态度，主要是因为考虑先行学习要提前准备学校所学的内容。我认为如果提前学习课本知识的话，就会和其他一些没有提前学习的孩子产生差距，可能会妨碍课堂学习。但是在孩子学完高中课程之后，我发现自己当初的想法是错误的。现在的孩子进行先行学习主要是时间不足，需要提前对课本内容进行学习。因为进入高中之后，大概每两个月就会进行模拟考试和学校综合考试。在这么短的时间内充分理解并灵活运用所有的科目几乎是不可能的，所以大部分的学生在进入高中之前就会提前准备和学习主要的科目。

英语主要是学习语法和单词，数学主要是高中一年级的课程，而一些看书速度比较快的孩子甚至看了两遍《数学的定式》。艺珍也利用网络提前学完了这些科目的内容。

但是在高中入学典礼上的喜悦还没有退去，班里同学的名字还没有全部记住的时候，实行的三月全国模拟考试让艺珍和我都有点措手不及。虽然一年级模拟考试的主要目的是通过考试成绩来考查自己今后的学习方向和整体水平，但是却给人的心理上带来了很重的负担。由于这次考试考查的是初中所学的全部内容，所以难度相对较大，而且应用题的出题水平也比较高。再加上高中是高考的前一站，所以分数就显得尤为重要，让人感到很有压力。

三月份的全国模拟考试目的是考查初中时期的学习状况。初中三年期间，艺珍的成绩一直很好，但是在这次考试中因为出现了很多考查整体内容的应用题，而艺珍在这方面又比较弱，所以成绩出来以后分数很低。高中模拟考试中的很多应用题都是在考查学生对整体内容的运用能力，虽然艺珍从初中三年级就开始利用网络提前预习高中课程，但是这些努力并没有对高中的学习产生任何帮助。由于艺珍对课文内容的理解不够扎实，所以在模拟考试中对做错的题目完全找不着头绪。而且我在辅导艺珍学习的过程中也无法把握这些问题。为了更好地应对下次的模拟考试，我给艺珍买了往年模拟考试的真题集让她试着做一下。由于艺珍对高中课程内容的掌握不够扎实，所以就算是做了以前的真题，在下次考试的时候照样考不好。

其他孩子在补习班上课的时候会有专门针对模拟考试的学习安排，也许是因为这个原因，一些初中和艺珍成绩差不多的孩子，模拟考试取得的分数都很高。按照艺珍自身的特点，为了保证学习效果需要提前学习课本上的内容，可是因为要准备模拟考试，所以没有足够的时间来预习。根据以前的经验，如果艺珍对课本内容的把握不够准确的话，在做题的时候往往无法理解题目的内容，只能采用背答案的方法。为了克服这样的问题，好好备战高考，当务之急就是要充分熟悉和理解课本内容。艺珍在高一的时候，每次模拟考试的成绩都不高，甚至到高二、高三时成绩都没有很大的提高。

但是在高二的时候，那些接受私人辅导来准备模拟考试的孩子，成绩开始不再有所提高了。到了高三，一些成绩很好的孩子成绩开始变得十分不稳定，经常比艺珍的成绩还要低。可见在没有充分熟悉和理解课本内容的情况下准备模拟考试，或者准备学校的综合评审考试的话，不仅仅是艺珍，其他的孩子也一样吃不消。所以如果目光短浅，只看到眼前成绩的话，那么不会有好结果的。

通过这一系列的经验我们可以看出，先行学习的方向和时机是非常重要的。我当时考虑到艺珍的状态，把先行学习的时间推迟了，但是这却导致艺珍在高中阶段的学习非常繁忙，日子过得很辛苦。如果当时就算艺珍累一点，也让她早点开始学习高中课程的话，应该会很有帮助的。

在制订先行学习的方向时，必须要有一个更加完整的学习计划和更加鲜明的学习目标，这样才有助于高中课程的学习。刚开始的时候我觉得只要艺珍提前预习了，在和老师一起学习高中课程的时候应该没有什么太大的问题。但是在升入高中之后才发现，学习的时间严重不足。

作为学生家长，我希望哪怕只在高中一年级减少模拟考试的频率也好。因为为了准备考试，学生实在是投入了太多的时间，导致对一些科目的学习不够深入和透彻，基础不牢固。

现在一年有四次全国模拟考试，再加上期中考试和期末考试，这样算的话每两个月就要进行一次考试。也就是说，在学生还没有完全理解课本内容的情况下，就要进行模拟考试和综合评估考试。

虽然因为全社会对教育的狂热导致私人教育的盛行，但是频繁的考试却成为导致知识经济时代所需的自主学习能力低下的重要原因。

### TIP 先行学习科目

1. 英语要侧重学习单词和语法，但是仅仅利用课堂时间是不够的。

2. 高中要做完“数理 10 上 · 下”，理科要做完“数理 1 · 2 微积分和概率”。同时，在学期中的时候要提高所做试题的难度。

3. 一些语言领域可以到开学之后集中学习，一般不会有什么问题。我认为就算孩子觉得这些科目有点难，只要在开学之后多听一些网络讲解，将课本上的内容背诵熟练，完全有可能拿到高分。

4. 探究领域可以慢慢来，就算到学期开始之后学习也不晚。如果学完外语领域和数理领域之后还有时间的话，就背诵一下语言领域，探究领域可以在开学之后集中复习。

## 放假期间对整个学年进行查漏补缺

回忆与艺珍一起度过的时间，我发现自己有几件事情需要反省一下。比如说先行学习开始得比较晚、对数学课本的重要性认识太晚，以及试题集的选择等。但是与这些相比，更让我觉得做得不到位的是作为妈妈对孩子学习的帮助不够。在学期中的时候，艺珍不仅要复习在学校所学的内容，还要做作业，非常辛苦。所以很多时候艺珍回到家倒头就睡着了，我便不忍心叫醒她。虽然我下决心要好好守在艺珍旁边监督她学习，但是看着一脸疲惫的艺珍，实在很难叫醒她让她继续学习。

于是在学期中的时候就很难按照计划完成学习任务，也许是作为妈妈的本能要比作为老师的本能更抢先一步。在这种情况下艺珍能取得现在的成绩，我觉得是因为好好利用了假期的时间。在放假的时候，我会帮助艺珍复习在学校所学的内容，对其中一些相对较弱的科目进行强化。

每当盛夏酷暑难耐或冬季寒风刺骨的时候，也是假期不期而至的时候。脱下在学校穿的校服，将满是灰尘的书包洗干净，用了一个学期的学习用品也已经变旧发黄了。举行完放假仪式之后，艺珍很早就回到了家，为了犒劳她这一个学期的辛苦我给她买了披萨，看着满脸笑意的艺珍，我的心里反而得到了慰藉。之后我们开始准备假期的计划，这个假期成为了我和艺珍一起度过的 12 年中最有意义的一个假期。

我们按照学期初学校发下来的课程进度表，确定了下学期的学习范围，然后打算在这个假期提前准备一下。但是想要掌握课本上的内容，一个假期的时间是不够的，因此为了完成制订的学习计划和目标，进度上就比较快。

这样做是有原因的，主要是吸取了初中一年级第一个假期时的经验。当时我们是按照一个单元一个单元的顺序来学习的，每完成一个单元就要进行一次简单的测验，因为学得太细致了，以至于没有完成计划的学习任务，在新学期开始之后才将剩下的内容学完。所以那一段时间在家里学习的内容和学校的学习进度是不一致的。而且就算在假期对课本内容进行彻底地学习，艺珍记不住的话也没有任何的意义，对以后的学习没有多大的帮助。经过那次教训，之后在假期我们都会加快进度以完成计划的内容，这样大致了解了课本的全部内容，对后面的学习反而更有帮助。

即使没有进行细致的学习，但只要完成了计划的课程内容，然后在老师讲课的时候认真听，重新复习一下的话效果将会事倍功半。同时在家里按照学校的进度，做一些有关当天所学单元的试题。采用这样的学习方法可以将相同的内容反复复习好几遍，因此效果比较好，艺珍的成绩也有了明显地提高。而且通过这种反复性的学习，艺珍对课本内容的整体把握和理解能力也有了一定的提高。

与初中不同的是，我们在高中假期期间不再学习课本内容。课本上的内容在开学之后和学校老师一起学习就可以了，放假期间主要是在网上听一些有关高考的视频讲解，提前为高考作好准备。如果花太多时间准备以课本为主的综合评审考试的话，那么准备高考的时间就不充足了，因此为了节省时间又能够兼顾两者，艺珍在听有关高考的讲义时是有选择的，主要选择一些和学校学习范围相同单元的讲义来听。

外语领域和数理领域按照各个单元的难易程度在网上看相关的视频讲义，因此很难和学校的进度相符，但是语言领域和探究领域可以按照学校课本进度来学习。在艺珍高一的那个假期，我让她听了一些各个科目的基础讲座。之后随着年级的增加，艺珍的理解能力也有所提高，于是在听讲座的时候我便根据各个单元的难易程度进行适当的调整。网上的讲义是按照单元进行分类的，可以根据各个单元的难易程度来调整学习的顺序，有选择性地来学习。所以在放假期间我和艺珍一起制订了高中三年期间的学习计划表。计划表的大致内容是在开学之后和老师一起学习新学期的课本内容并准备综合评审考试，在放假期间集中备战高考，对高考要考的科目进行有针对性的学习。

我让艺珍反复听网上的讲座。因为对于艺珍来说，多次的学习要比一次认真的学习更加有帮助，这一点我是从艺珍初中时在假期学习的表现中看出来的。

就像充分接受阳光照耀，茁壮成长的稻穗一样，我感觉艺珍在过完一个假期之后好像一下子长大了。以前每次看到艺珍从学校回来之后一脸的疲惫和憔悴，作为妈妈的我心里非常难受，经常会动摇，想着是否不应该把孩子逼得太紧。但是在放假期间我仍然狠下心采用斯巴达式的教育方式督促艺珍进行全面彻底地学习。不过在放假期间的学习过程中一直有一个挥之不去的敌人，那就是瞌睡虫。所以早上我会早一点叫醒艺珍，陪着她到家附近作一些简单的运动，然后再开始一天的学习。由于睡眠不足，艺珍经常坐在椅子上就打起盹来，但是自从早上开始运动之后，艺珍的精神好了很多，不会那么容易就犯困。

为了在学习时集中注意力，赶走瞌睡虫的另一种方法就是好好利用休息时间。每次我会给艺珍 30 分钟的休息时间，中午和晚上的吃饭时间是 2 个小时。在这段时间里，我会让艺珍稍微眯一会儿，补充一下体力。在网上听讲座的时候，就算艺珍不听，讲座依然会如常进行。所以如果休息不好的话，一犯困就很难集中注意力，艺珍以前经常看着看着就睡着了。虽然我看到了就会叫醒她，但问题是我不能一直守在她旁边。在艺珍听完一部分内容之后，我不会对她进行测验，只是简单地问一下讲座的内容。因为每次都进行测验的话，就没有足够的时间听完计划好的讲座。

在假期至少应该让孩子感受到放假的氛围，所以周末我只让艺珍在星期六的上午学习，星期天会让她尽情地休息，好缓解一下平时积攒的压力。如果艺珍愿意的话我会让她出去玩，有想吃的东西，只要经济条件允许就会买给她吃，也会允许她做一些平时想做而没机会做的事。比如说和朋友们一起照大头贴，看电影，去明洞逛街等。虽然艺珍觉得能休息的时间太短了，经常会发牢骚，但是她自己心里也明白妈妈也是为了她好。

假期结束之后，我一下子轻松了不少，但是艺珍却有点不愿意开学。对我来说，假期和艺珍一起度过绝对不是一件轻松的事，因为要操心的事情实在是太多了。假期在家里学习的时候，艺珍并不能够都按时完成计划的学习任务，而且有时候学习的状态也不尽如人意。我要随时提醒艺珍在听讲座的时候坐好，确认她是不是犯困，偷偷看她记的笔记，时不时地提问以确认她是不是对内容理解透彻，告诉她到了休息时间，等等。

就算艺珍在学习的时候经常把身体扭成麻花似的，但听了这么多的讲座还是很有意义的。在下学期的学习中效果会逐渐显现出来，比如学习态度更加端正，对课本内容的理解能力明显提高等，所以说这段时间非常重要。同时在假期期间艺珍还会学习一些适合自己的教育项目。这一过程结束之后艺珍对学习更加有自信，给人感觉一下子长大了很多。因为进行自我管理需要有一定的计划性，正好可以利用假期这段时间来确认孩子自我管理的效果，我认为这个过程对独自学习的孩子来说是非常重要的。

如果像艺珍一样稍微有些散漫的孩子是自己学习的话，那么必须要好好利用放假的时间。孩子在假期经历一段高强度的训练之后，学习能力会更上一层楼，从而为以后的学习打下坚实的基础。

### TIP 散漫的孩子如何进行假期先行学习

1. 初中假期

* 为了在开学之后能够顺利跟上老师的讲课进程，要将课本内容浏览一遍。因为提前看过之后，孩子的理解会有所提高，在课堂上更加集中注意力。

* 假期学习的时候没必要追根究底，了解大致的内容就可以了。

* 如果开学之后采用听课和解题双管齐下的方法，复习效果会更加明显。

2. 高中假期

* 开学后准备综合评审考试，假期准备大学入学考试。

* 假期准备大学入学考试时采用听网络讲座的方式，因为网络讲座可以按照单元和难易程度有选择性地收听。

* 为了提高学习和复习效果，要反复性地听网络讲座。

## 越过数学的沼泽

艺珍的数学不好，但是仍然选择了理科，主要是因为喜欢生物。她的英语和国语相对于其他科目要更好，如果选择文科的话学习起来会更加容易。在高二的时候，老师曾经劝过她数学要不要选择文科生考的“数学Ⅰ”。虽然艺珍在高考的时候没有换成“数学Ⅰ”，但是数学依然取得了很高的分数。所以我认为，对孩子们来说没有学不会的科目，成绩不好只是因为还没找到合适的方法。

面对连老师都差点放弃的数学成绩，艺珍只是学习方法上有问题而已，因为忽视了课本的重要性。如果说学习好的孩子大部分只学习课本的话，我相信大家都不会相信，但这却是事实。

住在江南，很难知道其他孩子在学习什么参考书，上的是哪一所补习班。你也没办法开口问别人的学习秘诀，或者看一下别人的笔记。所以在艺珍高中的时候，我每周都会让她读报纸上出现的“有趣的学习”专栏。有一次，专栏报道的是一名女学生考上庆熙大学韩医专业的事情，这个报道让我们很是吃惊。据说这名学生在学习数学的时候，对课本上的概念完全熟悉之后，每天会做 500 道试题。虽然如此数量庞大的试题对艺珍来说是不可能的，但是以此为契机，我要求艺珍反复熟读课本，对课本内容完全理解和掌握。恰好因为老师的劝告在一定程度上刺激了艺珍，所以在学习的时候便不再瞻前顾后了。而且后来我们发现，艺珍班上那些学习成绩很好的孩子，经常会反复翻看数学课本。

我曾经看到过 EBS 关于数理领域试题的分析资料，说是在考试中出现的很多问题都是关于课本内容的，所以对于那些上课认真听讲，一些基础的试题集做得比较多的学生来讲很容易就能解答出来。因为只依靠单纯的原理和概念无法解答出来的高难度应用题比较多，所以当时我对这一分析结果是不相信的。但是仔细看了艺珍做错的题目类型，我意外地发现除了一些难度较大的应用题比较容易出错之外，一些概念性的问题和课本上出现的例子也会做错。每当这时艺珍总会说“我原本会做这道题，只是失误了”。这时，我不得不重新认识课本的重要性，很后悔那么晚才知道原来的学习方法是错误的。

虽然资料分析说只要熟悉了课本内容，解题时就比较容易，但是我觉得这只是针对一般的原理和概念性问题，当一些难度较大的应用题出错时很难在课本上找到答案。于是首先想到的就是找一些有关应用题的试题集让艺珍来做，从而忽略了课本，并最终成为隐患，在学习方法上出了很多问题。

有了这次的教训之后，我便帮艺珍修正了学习方法，首先要熟知课本内容，将基本概念背熟之后，再开始做例题、练习题、综合试题等。同时听网络讲座也是把握概念的基本过程，所以讲座也要多听几遍，完全是抱着重新出发的心态开始学习的。这件事发生在艺珍高二的时候。

在做试题集的时候，艺珍和我的想法是不同的，艺珍觉得要尽可能多地做试题，而我则认为要反复做几遍基本试题之后再开始做新的试题。艺珍的主张是只有多做新的应用题在做考试题的时候才会比较容易，而我主张的是要尽可能将每一个问题完全弄清楚。由于意见不一致，最后我们决定找到各个试题集中相同类型的试题进行解答。

我给艺珍买了几本试题集，每次做题的时候会让她将同一单元的题目做完。做了将近 500 道试题之后，我发现艺珍做题的速度比之前有了明显地提高，而且对一些简单问题的理解也比较透彻。

在做多本试题集的时候，按照试题类型进行分类解答对学习很有帮助。同时，反复做同一个单元的试题，对课本上的概念自然而然地就熟悉了。

但是在解答难度较大的题目时，这种方法并没有多大的作用。在知道了解答不同难度题目的方法之后，我便让艺珍反复做每一本试题集，以便充分熟悉和掌握解题方法。

不管是做一本试题集，还是多本试题集，重要的是对每一个问题要重复思考两遍甚至三遍，养成自觉探索多种解答方法的习惯。可以将试题写在便条纸上，随身携带或者贴在书桌上时不时地想一下，这是一种很好的方法。

艺珍最大的问题是容易将本来会的问题做错，或者是做题速度太慢导致后面的问题做不完。出现这种情况的主要原因是艺珍分析问题时速度太慢，在一个问题上花费了太多的时间，造成解答后面问题的时间不足，容易对问题的把握不够准确。

艺珍在考数学的时候经常会出现一些很不应该出现的失误，比如说公式列对了但计算出现了错误，结果得出一个风马牛不相及的答案。所以她经常会拿着试卷去找老师，要求给一半的分数。我想也许是艺珍的性格太急了。

为了让艺珍改掉这个坏习惯，我为她制订了一些规则。比如，考试中读题目的时候要在下面画上横线，将题目中出现的数字写在试卷的旁边，以及在做题的时候算好每一道题的时间等。假如总共有 30 道题目，时间是 45 分钟的话，那么每个问题就有 1.5 分钟的时间，其中还要留出大约 15 分钟的检查时间，那么每个问题就只有 1 分钟的时间。在家里的时候，我会让艺珍按照这种方式进行一些实战练习，将计时器放在她的旁边，尽可能保证在 1 分钟之内做完一道题。这种利用计时器来计时的方法，能够帮助孩子提高注意力。但是，这种方法也有一个缺点，那就是在做题的时候经常会时不时地看一眼计时器。虽然在学习的时候采用了各种各样的方法，但是艺珍在模拟考试中取得的成绩仍然不是很理想。

艺珍觉得数学最难的一个单元就是概率，所以我对她说就算在考试时有关概率的题目做错了也没有太大的关系，重要的是要保证将自己知道的问题全部正确地解答出来，不要在没把握的问题上浪费太多的时间。直到现在，说到概率，艺珍依然不是很理解，但这并不代表不会概率就学不好数学。有时候，适当的放弃反而会得到意想不到的效果。

我曾经在电视上看到过一个人的报道，他在高中毕业之后继续学习了10年，最终考入了首尔大学法学院。看到他坐在小小的书桌前介绍自己，虽然觉得10年的岁月很长，但是站在人生的角度来看却是一段必需的历程，可以说这是实现人生梦想的一段意义非凡的旅程。我将那个人的故事告诉了艺珍，想让她明白一个人为什么能够为了自己的梦想而花费10年的时间，实现梦想是一件多么有意义的事情。

如果妈妈能够给孩子足够的空间，那么孩子就等于找到了心灵的依靠，内心的不安会逐渐消失，以更加自信勇敢的面貌去面对未来和未来的人生。

**TIP 如何学习数学**

1. 要彻底理解课本内容，对于课本中出现的例题、练习题、综合试题等做到熟记于心的程度。在解答不出应用题的时候，整理一下课本上的概念会很有帮助。

2. 做试题集时将同一种类型的题目集中在一起，不同类型的试题要寻找不同的解答方法。

3. 为了在考试中减少失误，可以利用计时器来缩短解题的时间，在课后多做练习

## 比想象更难的语言领域

艺珍在准备语言领域时，为了帮助她的学习，我会在早上像准备餐盒一样为她准备报纸社论，因为我觉得语言领域真的是一个很难的科目。用“惊讶”一词来描述语言领域非常贴切。我看了艺珍模拟考试的试卷，发现涉及的题目都是课本之外的，做起来真的有些难度。而且，针对语言领域学习的专门机构又是多样且复杂的。站在学习的立场上来看，想要有针对性地学习课本之外的各个领域，实在是很不容易。

幸运的是，艺珍语言领域的学习成绩相对比较好，但是也因为自满情绪而吃过大亏。曾经艺珍为了学习数学，有两个月左右的时间没有进行语言领域的学习。因为之前在考试中数学成绩有点差，艺珍为了集中精力学习数学就占用了比较有信心的语言领域的学习时间。但是却因此埋下了祸根，在后来的考试中语言领域的分数下降了很多。虽然紧接着就开始对语言领域进行补习，但是在很长一段时间分数都没能提高。通过这次教训我才深刻地认识到，在学习中不能觉得哪一科的成绩好就有所放松，特别是语言领域，成绩一旦下降就很难提升。

由于各种原因的影响，许多孩子觉得语言领域很难。艺珍从初中开始就利用自习书来学习国语，因为自习书或参考书上面出现的词汇、段落整理、素材、主题等比较详细，学习起来很方便。艺珍采用这种学习方式，不仅能够在考试中取得好成绩，而且对内容的理解也比较快，所以直到高中仍然会利用自习书学习，并且还会在网上听一些相关的讲义，在学习的同时也等于在为高考作准备。

语言领域的问题大部分是有关段落划分和主题把握的，而自习书中按照类别对各科目的参考内容进行了有效整理。所以如果彻底熟悉自习书的话，语言领域的学习是没有太大问题的。语言领域的学习是为了培养推理性、批判性、创意性的理解和判断能力，熟悉和正确分析，以及批判多样化体裁文学作品的鉴赏原理的能力，因此学习自习书比其他任何一种方法都更加有效。

艺珍在学习自习书的时候会先看课本，对课本内容的段落划分之后找出各个段落的主题和素材，然后和自习书结合起来，充分理解和把握文章内容。特别是要熟悉词汇，将对作品的分析和批判与自己的想法进行对比。

仔细观察那些语言领域成绩难以提高的孩子会发现他们有一个共同点，那就是对自习书的把握不够细致，只是无条件地做试题集。因为他们想得太简单了。从艺珍身上就可以发现，通过这种学习方式进行语言领域的学习，成绩是绝对不会提高的。

艺珍升入高中之后，在家里主要是利用网络讲座来学习的，所以我对艺珍的学习并没有多大的帮助，只是为她找一些考试真题。艺珍也知道我的知识有限，没有太大的能力辅导她的学习，所以她自己独立性很强。

但是有一次艺珍突然对我说，让我帮助她学习语言领域，说自己总是犯困，学习没有效率，想让我像她初中的时候那样辅导她的学习。当我再次拿起参考书和艺珍一起坐在书桌前的时候，艺珍对我说，“就算我做错了，您也不要发火，只帮我看一下我的想法对不对就行了”。因为课本之外的题目很多，所以她想让我帮着确认一下自己对课本内容的主体把握是否正确。“就算我做错了，您也不能先说出答案”，艺珍说完这句话就开始读文章，然后自己试着找出文章的意义。我认为孩子觉得主体把握和文章意义比较难的原因主要是来自于语言自身的特性，根据各人想法的不同总会出现不一样的解释。当语言领域的成绩提高到以前的水平之后，艺珍说以后自己学就可以了，在得到了妈妈的称赞后更加有信心。

如果孩子接受了私人教育语言领域的成绩依然没有提高的话，我建议家长们让孩子自己利用自习书来学习。到了高三再看自习书学习语言领域的话，那么从时机上来看就稍微有点晚了，语言领域还是从低年级就开始自己学习效果比较好。

因为那种老师给读文章、划分段落的填鸭式教育无法培养孩子语言领域的思考能力。填鸭式的学习方式使得孩子没有自己来理解和把握文章的练习机会，只是被动地接受别人的意见和想法，导致对文章的理解能力低下。长此以往，孩子就失去了自己分析问题的能力，所以遇到课本之外的内容就会显得手足无措、毫无头绪。从这点来看，语言要自己学习才会更有效果。

同时对语言领域来说，坚持不懈是最为重要的。如果觉得语言领域很简单就有所放松的话，那么就会像艺珍那样不知不觉间成绩就下降了。因此，必须要投入足够的时间和反复的学习来保持对语言的敏感度。

**TIP 如何学习语言领域**

1. 自习书中涉及词汇的意义、指示性意义和文脉性、比喻性意义、俗语、汉字成语等有关词汇内容，以及语句规范和文章段落写作、文脉和文体表现等有关语法的内容。利用自习书学习的话在遇到概要概括、拼写等不同目的的写作时，要学习有关内容的生成和组织、表现、重写等写作的过程和基本原理。

2. 即使语言领域的分数很高，也要坚持不懈地认真学习。如果疏忽对语言领域的学习，一旦分数下降将很难提高。

3. 因为考试的时候涉及很多课本之外的知识，所以通过自习书把握内容主题并整理段落之后，还要做很多的试题集，以此来培养孩子对课本之外内容的解题能力。

## 了解网络教育的优缺点才能提高学习效果

艺珍大部分的教育课程是利用网络讲座来学习的。因为她的理解能力稍差而且笔记记得比较多，这种通过网络来学习的方式恰好符合她的特点。就像我曾经辅导艺珍学习时一样，网络讲座可以反复收听，直到能够理解所有的内容为止，而且做笔记的时间也比较充足。

当听到孩子是利用网络来学习，很多妈妈都会觉得这孩子的自觉性一定很强，一个人也能够学得很好。但是事实并不是这样的，从艺珍身上就可以看出，因为在她学习的时候我必须得时时刻刻地在旁边进行“监视”。当然，一些内心比较成熟的孩子自己也可能会做得很好，不过我很好奇我们周围到底有多少孩子能够做到这一点。

当听到艺珍是自己利用网络学习的时候，艺珍同学的妈妈来到我家，不断称赞艺珍是个很棒的孩子，有很多值得学习的地方。说实话，听到这些话我心里有点复杂，如果不是耐心够好，压根就不能耐着性子听完这些话。因为我觉得大部分孩子根本就不能一个人好好地听网络讲座，而艺珍也需要我在旁边进行监督。

不过话说回来，只要妈妈有自信一直睁大双眼看着孩子学习的话，那么网络学习法要比其他任何一种方法都有效。而且慢慢地孩子会逐渐养成自觉学习的好习惯，学习更加努力。几年之后，孩子会自己在网上选择讲义自觉收听，并根据自己的理解能力来调整讲义的难易度，而且在犯困的时候会做伸展运动等来提提精神，所有的事情自己一个人就可以做得很好。因此，我想向其他的妈妈推荐这种网络学习法，至少可以先尝试一下。

网络讲义视频大部分是录制的现场讲义，将江南有名的老师在补习班授课的内容录制下来进行放映，画面里甚至能够看到正在听课的学生们的后脑勺。而且课堂上老师讲的一些有意思的话以及玩笑话，甚至是提醒睡觉的学生的话都没有经过任何的过滤，直接就放出来了。也许是现场学习的面貌被完整地呈现了出来，所以艺珍在家里一个人学习的时候也像是坐在补习班教室的感觉，会和画面中的其他孩子一起笑，一起回答问题。

听这种网络讲义视频有一个现场听课不可比拟的优点，那就是可以根据自己的选择随时停止或者回放。如果不能理解的话可以反复回放，并且在记笔记的时候可以先暂停视频。在现场听课的话，就算犯困或者对内容不理解，课程还是会继续进行；但是在家里通过网络进行学习的时候，由于可以观看多遍，所以对课程内容的理解就相对比较完整和彻底。

不过网络学习也有缺点，那就是无法对讲义内容不理解的部分进行提问，而且反复收听讲义内容的话会花费很长的时间。庆幸的是，网页上面设有提问栏，可以将不懂的部分发表在提问栏等待老师的解答，只不过需要等一段时间才能够得到答复。

一些妈妈说刚开始给孩子申请网络讲座的时候，孩子听得很认真，也能够跟上老师的进度。可是一段时间之后就开始应付了事，一次都没有听完过，只是浪费钱。

每一门科目的网络讲座数量很多，每一个讲座的时间在四十分钟到一小时之间。但是在听讲座的时候还要加上记笔记的时间，需要大概两个小时才能听完一次讲座，因此这种学习方式不仅需要有足够的时间，还要有足够的耐心才行。

开学之后，为了跟上学校的课程和进度，需要对内容进行复习，往往没有足够的时间坐在那里听网络讲座，不得不中途放弃计划的学习任务。缺乏强制性也是网络讲座的一个缺点。

为了解决这个问题，我打算好好利用放假这段时间来学习，所以根据艺珍的时间制订了详细的时间表。在妈妈铜墙铁壁似的监视之下，艺珍在网上听讲座的时间要比刚开始的时候缩短了一些。对于一些觉得网络学习很难的妈妈们来说，只要能够理解这种方法并作好充分准备，对大部分的孩子来说这将是一种非常好的学习方法。

妈妈在帮助孩子听网络讲义的时候，要按照单元和时间等类别制订出详细的时间表，同时以星期为单位来划分要听的讲座，并规定好上午和下午的休息时间。总之，就是要对孩子的时间进行合理的划分和管理，甚至要比补习班的日程表还要细致和周到。

在时间表上列出讲座的顺序并按照日期标示出要听的单元，然后为了随时确认进度将时间表贴在显眼的位置，确保孩子学习具有计划性，能够及时有效地完成计划的学习任务。星期六下午和星期天不必再听新的讲座，只需将最近一段时间听过的讲座内容复习一下，然后好好放松一下身心，这也是非常重要的。

如果艺珍在一天之内要听有关数学、英语、语言科目讲座的话，每个科目会连续听两个讲座。这要比一天各听一个数学、英语、语言、科学领域四个科目的讲座效果要好，而且对内容的整理也比较充分和细致。因为各个科目每天都听一个讲座的话，虽然一天能够学习很多科目的相关内容，但是由于一天所学的知识点太杂了，脑海中的知识将得不到有效整理。

在网上还可以对讲座内容进行试听，方便孩子自主选择适合自己的老师，我觉得这一点非常好。我曾经为艺珍选过要听的讲座的主讲老师，但是听完讲座之后艺珍对我有些不满，说这个老师的声音太小了，让人听了想睡觉，还是比较喜欢声音大点的老师。所以在以后听讲座的时候我先让艺珍自己选好老师，再帮她申请网络讲座视频，果然效果比较好，艺珍听起来也比较轻松。

但是仅仅依靠网络讲座很难保证孩子在考试的时候取得好成绩，如果妈妈对网络讲座的效果期望过高，孩子很容易在听讲座的时候失去兴趣。因为网络学习有别于一般的学习方式，所以不仅需要时间、努力、毅力，还需要耐心。

艺珍的讲义时间表

| 时间 / 每周 | 星期一 | 星期二 | 星期三 | 星期四 | 星期五 | 星期六 / 天 |
|---|---|---|---|---|---|---|
| 8:00—10:00 | 数学 | 数学 | 数学 | 数学 | 数学 | 数学 |
| 10:30—12:30 | 数学 | 数学 | 数学 | 数学 | 数学 | 数学 |
| 午饭 | | | | | | |
| 14:00—16:00 | 英语 | 背诵 | 英语 | 背诵 | 英语 | |
| 16:30—18:30 | 英语 | 背诵 | 英语 | 背诵 | 英语 | |
| 晚饭 | | | | | | |
| 20:00—22:00 | 国语（语言领域） | 国语（语言领域） | 国语（语言领域） | 国语（语言领域） | 国语（语言领域） | 国语（语言领域） |
| 22:30—0:30 | 国语（语言领域） | 国语（语言领域） | 国语（语言领域） | 国语（语言领域） | 国语（语言领域） | 国语（语言领域） |
| 就寝 | | | | | | |

1. 上午学习数学（数理领域），头脑比较清晰且注意力较为集中。

2. 一定要严格遵守休息时间 30 分钟。

3. 由于吃完午饭之后比较容易犯困，可以让孩子听英语（外语领域）或者需要背诵的科目的讲座，然后将听到的内容大声说出来。

4. 吃完晚饭之后学习国语（语言领域）。因为经过一天的学习之后身体已经很疲惫了，这时要选择一些比较容易理解的科目。

5. 星期六和星期天不听网络讲座，可以看看书或者电视节目来消除一周的疲劳，从而为下周的学习作好充分的准备。

6. 网络讲座是先行学习，由于这些内容老师在学校会再次讲到，所以在家的时候可以不进行测验。但是在学校学完相应部分的内容之后要做一些试题，通过不断的复习来强化学习效果。

讲座科目（网络英语讲座日期计划表）

| 回 数 | 讲座内容 / 时间 | 日 期 |
| --- | --- | --- |
| 第 1 回 DAY01 | 名词短语 69 分钟 | 7 月 26 日 |
| 第 2 回 DAY02 | 修饰语短语 63 分钟 | |
| 第 3 回 DAY03 | 分词 55 分钟 | 7 月 27 日 |
| 第 4 回 DAY04 | 分词结构 61 分钟 | |
| 第 5 回 DAY05 | 动名词 56 分钟 | 7 月 28 日 |
| 第 6 回 DAY06 | To 否定式 71 分钟 | |
| 第 7 回 DAY07 | 名词从句 that 61 分钟 | 8 月 1 日 |
| 第 8 回 DAY08 | N+ 从句（关系代名词） 69 分钟 | |
| 第 9 回 DAY09 | N+ 从句（关系副词） 60 分钟 | 8 月 2 日 |
| 第 10 回 DAY010 | 助动词 59 分钟 | |
| 第 11 回 DAY011 | 时制 63 分钟 | 8 月 3 日 |
| 第 12 回 DAY012 | 态 59 分钟 | |
| 第 13 回 DAY013 | 疑问词 + 名词从句 56 分钟 | 8 月 4 日 |
| 第 14 回 DAY014 | Only for~ 宾 + 宾 53 分钟 | |
| 第 15 回 DAY015 | 主格补语 47 分钟 | 8 月 5 日 |
| 第 16 回 DAY016 | 宾格补语 62 分钟 | |
| 第 17 回 DAY017 | 接续词 46 分钟 | 8 月 8 日 |
| 第 18 回 DAY018 | 比较级 56 分钟 | |
| 第 19 回 DAY019 | 假设 56 分钟 | 8 月 9 日 |
| 第 20 回 DAY020 | 其他主要结构 & 总讲 8 分钟 | |

1. 每天每一科目各听两个讲座，因为只有连续听记忆才能维持得更加长久。

2. 制订讲座计划时必须要保证放假期间能够完成所有的计划任务。

3. 如果在放假期间利用网络讲座进行先行学习，那么新学期开学之后必须要根据学校的课程进度做相应的试题。只有多进行一些培养孩子复习和应用能力的练习，才能更好地应对考试。

## 准备提前批考试时没有上论述补习班

新的高考政策经常会让学生家长不知所措，对我来说准备论述考试是最为困难的。因为随着提前批考试的比重越来越大，每年大学通过论述形式来选拔的学生数量也不断增加。

艺珍一直在家学习，没有尝试过其他的学习方式，但是其他的孩子基本上会上论述补习班。为了迎合这种氛围，艺珍所上的高中邀请了几位教授，为学生的父母们举办了一场论述应对讲座，主题是“论述是什么？应该怎样准备？可能会出什么样的问题？”因为我对论述考试有一些疑问，希望通过这个讲座解答这些问题，所以就参加了。

“论述”是为了测试学生对课程内容的整体理解以及思考能力，以语言的流畅性和写作能力、正确把握问题的能力等作为评价标准。也可以说论述的主要目的是对所有学年以及全部科目进行综合评价。因此，只有从整体上理解高中的全部课程内容，具备良好自主思考能力且写作水平较高的学生才有可能在论述考试中取得好成绩。

但是听完讲座之后，论述带给我的沉重心情不仅没有消失，反而感觉压力越来越大，心里越来越不安。特别是当听到那几位教授说仅仅从整体上理解课本内容远远不够，要各个方面都突出且具备较强的写作能力，才能比较有把握通过论述考试，我忍不住想，利用论述升入大学真不是一件简单的事情。

经常听到周围的人说江南的某个补习班在论述教学方面很出名，而且每当听到艺珍的很多同学也在准备论述考试的时候，说实话我的心里很不是滋味。于是为了寻找有关论述学习的方法，我查看了很多的论述考试真题，想知道有关全部内容的综合性试题是怎样出题的。我在很多大学的考试真题中，挑选了艺珍想去的几所学校的试题，从艺珍高二开始每天晚上睡觉之前让她看一个小时。

让艺珍阅读论述考试真题，主要是为了应对考试中可能出现的相同内容或相同类型的真题。而且考虑到论述问题是涉及课程内容的综合性问题，因此通过学习论述真题可以更好地理解课程内容，并逐渐掌握答题的方法。我希望艺珍在看这些综合性试题类型的过程中能够拓宽学习领域，但是对艺珍来说，光是看完试题并确认答案就已经很困难了。更重要的是，我们又不能对论述考试抱太大的希望，所以不能投入太多的时间在论述上面。经过一段时间之后，艺珍开始着重学习其他科目，在论述学习的时候经常是凑合了事，不能专注。

“妈妈，今天在生物课上老师讲的一部分内容我以前在论述考试真题中看到过，如果没有看过这些试题的话我可能对这部分内容听得稀里糊涂的。好像只有我一个人听懂了！真的好兴奋啊！”

艺珍在上生物课的时候，听到老师所讲的内容与论述真题中出现的问题一样，很容易就理解了。从那之后，艺珍便经常在考试真题中找学过的内容，然后仔细地标记下来，不知不觉间已经整理出了很多内容。简单来说，这种学习方式就是先看试题，然后学习其中的内容。不得不说，学校课程和论述有着密切的联系。

艺珍从来没有专门接受过有关论述方面的私人辅导，但是最终顺利通过了论述考试。从艺珍身上可以看出，看完论述考试真题之后再学习课本内容的话，从一定程度上来说也是在准备论述考试。所以说，论述是对课程内容的综合性评价，这句话是有一定道理的。而且这种学习方法对像艺珍一样无法理解所有课程内容的普通孩子来说，是非常有效的。

大学论述考试中一般不会出现以前考过的试题或者是相似类型的试题。艺珍当时考了三所大学的提前批考试，但是没有一道相同的试题，甚至没有相同类型的试题。由此可见，背诵试题的答案是完全没有任何作用的。如果您的孩子也像艺珍一样成绩不是特别好的话，那么可以尝试一下这种学习方法，看完考试真题以后，再学习课本上的内容。

### TIP 提前批论述考试要领

1. 大部分的提前批考试会在高考之前接收申请书，而且每个大学的提前批申请书接收时间是不一样的，因此必须要提前进行确认。现在学校一般不再接收纸质的申请书，主要是在网上申请，所以必须要确认好时间，不要错过时机。

2. 不要只申请自己想去的一两所学校，要尽可能地多申请几所学校。因为只有多参加几场考试，才能检测自己的学习效果，知道自己大概的答题情况。同时每个大学都有自己的出题特点和倾向，在平时学习的时候多注意一下，一定会取得不错的成绩。

3. 提前批考试通过的话就不能以高考成绩进入大学，所以在申请提前批考试的学校时要比自己的预想成绩（模拟考试成绩）稍高，才不至于以后后悔。（艺珍的一个同学在提前批考试时申请了一个比自己想去的学校稍差的大学并顺利通过，可是在高考中发挥得很好，虽然以这个成绩完全有希望进入自己理想的大学，不过却不能申请了。即使高考的平均成绩是 1，2 等级，但因为提前批考试通过的学校较差，所以就不能按照高考的成绩进入更好的大学了。）

4. 在论述考试中要保证字体干净整洁。提前批考试竞争激烈，申请的学生数量很多，如果字体较为干净整洁的话，一般要比那些字体潦草的学生分数高。

5. 即使遇到不懂的问题也不要放弃，要尽可能把自己的想法完整地表达出来。在出现难度较大的问题时，如果学生能够将自己的想法表达出来，在一些情况下是会得到一些分数的。（不要只单纯写出几条答案，在表达自己想法的时候要具有条理性。）例如，在遇到不会的问题时，如果将相应单元的概要写出来，可能会得到部分分数。

6. 在写自己的想法时最好利用图表。尽可能将问题的答案以图表的形式列举出来，这样会显得更加有逻辑、有创意，极有可能比其他同学得到更高的分数。

# 第五章

# 妈妈和孩子之间要架起沟通的桥梁

## 孩子需要安慰

我曾经有段时间很苦恼，觉得在培养艺珍的过程中用错了方法。我一直坚信，如果能够尽自己最大努力学习的话，一定会得到一个好的结果，对艺珍也是这么说的。但是学习一直很认真的艺珍，成绩却提高不上去，心里不免有些难过。为了艺珍的成绩我也很苦恼，一直在努力寻找新的学习方法。在这段时间，艺珍的行为渐渐发生了变化。

不管我问什么都不愿意回答，不仅仅是有关学校里的事，日常生活中的提问也常常是简简单单的应付。而且在应该学习的时间里，却经常舒服地躺在床上睡觉。最初我觉得是艺珍自己太没礼貌、太没想法了，所以忍不住发了几次火。但是艺珍却对我的反应不理不睬，变得越来越放肆。在和艺珍不断的战斗中，我觉得艺珍的性格变得越来越不好了。

在那段辛苦的日子里，有一次我终于向艺珍诉说了我的心情。

“我知道你很辛苦，但是你越是这样妈妈就越辛苦。现在都到什么时候了，怎么能这么不上心呢？”

出人意料的是，艺珍对我说自己讨厌学习。不管是书还是试题集都让人讨厌，不愿意去上学，觉得自己好像不是学习的料。

“你是自己一个人学习太辛苦了才这样的吗？”

“不是，不是这样的。我觉得自己好像头脑不太好，而且对学习也没有什么兴趣，所以慢慢地就越来越讨厌学习了。”

听到艺珍的回答，好长一段时间我都没有缓过神来。我想试着找一下是不是现在的学习方法有问题，但艺珍却一直责怪自己能力不够，心里非常难受。

看到艺珍竟然抱有这种想法，我很后悔当初说她学习态度有问题。而且不仅仅是艺珍，我也因为艺珍的成绩总是提高不上去而筋疲力尽。

虽然艺珍选择了理科，但是化学和物理成绩却很差，甚至连课本上的内容都无法理解。不过幸运的是，艺珍的生物成绩非常好，特别是生物实验在学校都是数一数二的，得到了老师的认可。为了提高艺珍的学习成绩，我在制订学习时间表的时候将化学和物理作为了重点，多让她听一些相关的网络讲义视频。但是艺珍的模拟考试和学校成绩却没有提高，反而是一直比较骄傲的生物和成绩较好的语言领域和外语领域的成绩下降了。成绩出来之后，发现所有的科目都是 3 等甚至是 6 等，不仅仅是艺珍，甚至连我都绝望了。从那之后，由于考试所带来的压力得不到释放，艺珍好像变得有点不一样了。我也找人哭诉内心的苦楚，想大声说，“我实在是扮演不了妈妈的角色了，这么辛苦怎么当妈妈啊？谁来救救我吧”。

在这个过程中，我看到了艺珍反抗的样子。由于外部压力而引起的心理上的变化，与由于性格问题而产生的反抗面貌差别并不是很大，所以一时我有些混乱。

艺珍说自己在学习方面没有太大的潜能，所以想换方向。

“妈妈，我想转成文科。我实在跟不上物理和化学的学习进度，总也搞不明白物理课本上的内容。按照我现在的努力程度，考试的时候应该会很简单才对，可结果是我看到那些试题觉得学和不学都是一样的，一点头绪都没有。”

就像艺珍说的那样，她的化学和物理成绩总也提高不了，甚至连比较有自信的生物、国语，以及外语成绩也跟着下降了。但是那时已经是高二下学期了，转科确实有点不切实际。而且更重要的是，转科就必须要放弃成为医生的梦想。于是我问艺珍，觉得物理和化学哪一科更难。

“当然是物理，化学只要背一下就行了，但物理实在是太难了，完全不知道该怎么学。”

于是我们决定放弃物理。庆幸的是，高考分数具有选择性，只反映探究领域（4 门科目）中的 3 门成绩，所以我们便放弃了物理，只专注于学习其他 3 门科目。但是放弃物理并不代表就没有问题了，因为每年每个科目的难易程度都不同。如果物理简单的话化学就难，化学简单的话物理就难，所以为了取得更好的成绩大部分的孩子会同时准备 4 门科目。

因为艺珍想要放弃学习，所以为了减轻她心里的包袱，以良好的心态去面对高考，我便让她放弃了物理。

“妈妈，物理对我来说太难了，以前为了学习物理我都没能好好背诵其他的科目。刚开始的时候我说探究领域要先理解之后再背诵，所以一直拖着没背，但其实真正的原因是我自己太懒了。现在我一定会努力学习的。”

没有了物理这一个大包袱之后，艺珍以前表现出来的反抗和排斥情绪渐渐消失了，变得越来越有活力和激情。

但问题不仅仅是物理。对艺珍来说，理科中最为重要的一门科目数学也是个大难题，数学成绩一直维持在 3 等，最低的一次只得了 49 分，排在第 6 等。因为数学是理科的必修科目，所以是不能够放弃的。

“艺珍，你觉得数学试题中哪一个单元的试题最难？”

“应该是概率。”

“除概率之外的单元简单吗？在考试中概率大概会出现几道试题呢？”

“虽然其他单元也有一些不明白的地方，但概率是完全不懂。而且在考试的时候一定会出现一两道有关概率的试题。”

“那么在遇到有关概率的问题时就不要做了，只做其他的试题。”

“这样也行吗？”

不能因为一两道试题就放弃数学，所以我决定让艺珍放弃概率。同时抱着从头开始的心态，我让艺珍先把课本彻底地看一遍，将其中的内容理解透彻。

虽然放弃概率这一单元并不像想象中的那么有帮助，和化学成绩一样没有任何的提高，但是在重新学习数学的过程中艺珍的心逐渐安定了下来。艺珍在高考中数理领域得了 92 分，虽然是 2 等，但却是高中 3 年期间得到的最高分数。

从艺珍身上我体会到了一件事情，那就是将时间花费在难以提高的科目上面，就像是足球选手弹钢琴一样，是非常困难且不明智的。到高中二年级的时候，艺珍对各个科目的兴趣开始产生了明显的差异。

艺珍总是每隔一段时间就无缘无故地表现出抵触的情绪，一般在起床的时候发火就是即将开始的征兆。最初我觉得可能是因为身体状态不太好，所以买了一些药给她吃。但是却没有效果，反而出现的问题越来越多。成绩带给艺珍太多的压力，她的这种状态又传染了我。

为了让艺珍从这种困境中摆脱出来，我让她从整体上回顾一下自己的学习，将学得好的科目和不好的科目区分开来。同时果断地将不能理解的科目和单元放弃，将时间投入到其他提升空间较大的科目上面。

就这样，我和艺珍跌跌撞撞，在学习摸索的过程中一步步前进，不知不觉间我和她说话的音量也提高了。那段时间我经常会想："啊，这世上还有比当妈妈更累人的角色吗？"学习本来是学生的本分，可艺珍却觉得是妈妈强迫她学的，觉得没有妈妈的干涉完全可以不用学习，有点无理取闹的倾向。即使这样，当妈妈的还是要为孩子着想，努力解决孩子所遇到的问题和难题。并且在适当的时候多给予孩子安慰，让他们以更加积极的心态去面对未来的人生。

《塔木德经》中有这么一句话："为孩子捉鱼只能解决一顿饮食，但是教给孩子捉鱼的本领却能够解决一辈子的饮食。"从小学开始一直到进入大学，这12年是一段漫长的岁月，也是妈妈们最为辛苦的一段日子。有时候我会想，也许为孩子捉一辈子的鱼反而更轻松一些。

**TIP 阿尔法（α）妈妈和贝塔（β）妈妈的作用**

在子女的教育方法中有强调效率的阿尔法妈妈和赋予子女自律性让其自己选择的贝塔妈妈（源于美国）。

阿尔法妈妈最大的特点就是信息收集能力强，利用各种渠道收集丰富的信息，以引领和设计子女的未来。

贝塔妈妈让孩子自己选择未来，为了培养孩子的思考能力、创意性以及判断力，会给予孩子充分的自主性并毫不吝啬地称赞和鼓励孩子。

阿尔法妈妈在子女教育以及家庭生活等方面追求的是战略性的经营和管理，从而发挥最大的效益。这些妈妈们最关心的事情就是，积极利用网络来共享教育和家务信息，以及成为各种厂商们眼中积极行动的目标。这种热情高涨的父母在韩国很常见，打听各种补习班和各类专家是他们的基本任务，还会积极参加各种学业说明会，同时为了最大限度地节省时间，提高学习效率，不辞辛劳地接送孩子上下学。

优点：可以为了孩子做任何事情。

缺点：具有极端性，只关注自己的孩子，对孩子来说有可能会成为负担。

贝塔妈妈与阿尔法妈妈相比，具有完全不同的特性。她们在养育孩子的过程中比较悠闲，与自身的慢性子较为符合。有些妈妈会在家里直接教育和辅导孩子，并为孩子读各种领域的书籍，以此来代替学校教育。有研究表明，孩子的幸福和阿尔法妈妈的养育方式没有太大的相关关系，这对贝塔妈妈来说无疑是一种激励和鼓励。

优点：与妈妈在一起的时间较长，孩子的负担较小。

缺点：孩子有可能对学习不是很上心。

《阿尔法妈妈和贝塔妈妈：妈妈们的教育战争》张允静著

## 妈妈的不安会妨碍孩子的学习

我一直对艺珍升入初中之后第一次考试的那天记忆犹新。因为以前一直是我在家里亲自辅导艺珍学习的，这次考试可以说是检测我辅导效果的一次考试，所以那天我一直怀着激动的心情等待艺珍放学回家。12 点多的时候艺珍回来了，我迫不及待地打开她的书包确认这次的考试成绩。

“这个问题不是和我一起做过了吗？考试又不是很难，怎么这样的问题还出错呢？你可真是个笨蛋啊！”

虽然我心里不断祈祷，对艺珍的这次考试成绩抱有很大的期待，但是却看到艺珍的考试分数并不高，所以忍不住有些生气。特别是看到前一天刚做过的题又做错了，原本紧张的心情立马不见了，忍不住朝着艺珍发了火。

“在考试的时候我太紧张了，不仅手脚发抖，连脑袋都有些疼，好长一段时间都看不进去试题。考完第一科的时候感觉胃里特别难受，到卫生间里就吐了。同学从老师那里拿了点药，我吃了之后才感觉好点了。”

艺珍一边从我手里抢过试卷，一边对我说自己考试的时候吐了。

“哪里不舒服吗？是不是感冒了？是不是噎着了？我不是跟你说过要少吃冰激凌吗？”

“我没有吃冰激凌，就是太担心自己会考不好。因为妈妈对我抱了很大的期望，所以我这次特别想考好，不想让你失望。”

“我什么时候说过让你一定要取得高分了？不是说只要把自己会做的题目好好做完就行了吗？”

“你不是那个意思吗？”

听到艺珍说自己考试的时候吐了，好像她已经看出了我的紧张情绪。自从我亲自辅导艺珍的学习之后，就感觉艺珍的考试成绩是对我自身的评价。看着艺珍校服前面粘上的污痕，我才发现自己内心的不安已经在不知不觉中传染给了艺珍。

平时学习的时候，艺珍总是觉得就算自己不能完全正确地知道问题的答案也没有太大的关系，只要大概答出来就行了。特别是在家里做题的时候，只要得到的分数还不错，这种倾向就越严重。看到艺珍在不能完全确定问题答案的情况下还能取得不错的分数，说实话我很担心。

“艺珍，就是因为你平时学习不够细致认真，所以已经做过的题目才会经常出错。现在先不要过于纠结成绩，更重要的是先确认一下自己在这次考试中出现了多少失误。”

于是我和艺珍一起翻开考试试卷，看看到底是哪些试题做错了。如果说针对这些做错的试题找不到有效的解决方法的话，那么就说明我和艺珍一起在家里学习并不是一种好方法。

“妈妈，你看，这样的问题绝对不是从课本上出的，也从来都没有学过，所以说太难了。也不知道老师为什么要出这样的问题，能够做出这些题的学生都在上补习班，所以我才做不出来。”

艺珍觉得自己做不出来的试题并不是课本上出现的，一方面是妈妈的教育有问题，另一方面就是出题难度较大的教育政策的问题，所以不停倾诉自己心中的委屈。

但是我查了艺珍的笔记本，发现考试中那些做不出来的试题都在本子上用小字做了标记。这些问题老师都在课堂上讲过，所以才用小字写在了笔记本的旁边。

“你看，老师也知道这部分是重点，在上课的时候都给你们讲过了。所以说，老师在课堂上讲的内容是很重要的，考试中很有可能会出现。”

“既然是这么重要的问题，老师就应该给打上重点符号才对啊！如果必须连这些内容都要记住的话，那得多努力学习才行啊！”

在确认自己的笔记本上有做错试题的相关内容之后，艺珍好像仍然无法相信，一直在嘟嘟囔囔地发牢骚。

“课堂上老师所讲的内容都有可能在考试中出现，所以就算老师没有明确说出这是重点，你也必须集中注意力听讲才行。课堂学习本身就是重点，以后知道该怎么做了吧？”

虽然平时我无数次地对艺珍讲过关于同样的内容所出现的问题，但是却几乎没有看到过她改正的迹象。不过，看着试卷给她指出需要反省的问题点时，要比唠叨有明显的效果。因为当她看着自己的考试分数，就会明白妈妈的话的确是正确的。

虽然艺珍看起来比较听话和顺从，但还是有一些习惯是不容易改掉的。也许是性格比较散漫的原因，即便是在背诵或者是看课本的时候，仍然无法静下心来全心全意地学习。让她在考试完确认一下自己出现的失误，并找出自身的问题，要比我唠叨十句更加有效果。每当艺珍考试完回到家中，我都会先让她找一下自己的学习方法是不是有什么问题。在这一过程中，艺珍逐渐熟悉和领悟了自己的学习领域，并掌握了适合自己的学习方法。

升入高中之后，考试试题会涉及以前学过的所有内容，对综合应用能力有着较高的要求，所以艺珍的成绩开始变得非常不稳定。高中考试并不是单纯的背诵或者概括课本的内容，而是需要对全部内容进行整体性的把握。因此，艺珍的内心变得非常复杂且不安。成绩非但没有快速提高，反而出现过急剧下降的情况。我作为辅导艺珍学习的老师，在她身边深刻体会到了一点，如果内心不安不稳定的话，那么在考试中肯定发挥不太好。所以我一直努力让艺珍能够以较为平和的心态去面对考试，于是经常自己练习如何让才能放松心情。

有一天，艺珍考试完回到家，对我说她对自己的学习问题很苦恼，于是找到老师谈心。

“我去找老师谈心了，老师说我的学习方法并没有错，我自己也不知道到底是哪里出问题了。于是我问其他同学是怎么学习的，发现他们的学习方法和我并没有太大的差别，所以我实在是不知道该怎么办了。”

艺珍语言领域的成绩一直不错，但是这段时间却下降了很多，而且很难提高。我一直装作不知道。因为一旦我把问题扩大化，或者表现比较激烈的话，艺珍就会更加难受。而且更重要的原因是，我觉得并不是学习方法错了，只是还需要一些时间。

从同学和老师那里确认自己的学习方法并没有错之后，艺珍学习非常认真，在下一次的考试中取得了90多分的好成绩，比之前足足高出了20分。

“妈妈！妈妈！我现在终于知道是哪里有问题了。语言要坚持不懈地学习才行，我之前好像是因为疏忽了对语言的学习，所以一时找不到感觉了。我们国家的人如果在外国生活久了，也很可能会忘记韩语。那段时间为了学习数学，稍微疏忽了对语言的学习，这正是问题的症结所在。”

虽然艺珍自己找到的问题所在之处是正确的，但是我的想法却稍微有点不同。对于一些比较难的科目，艺珍自己学习很认真，但是成绩却提高不上去，导致内心非常不安。慢慢地这便成为她心中的一块石头，从而无法再专注于学习。可是在与同学和老师交流完学习方法之后，艺珍终于安心了，对学习更加有信心，成绩也有了很大的提高。

“我很感激妈妈没有因为我没考好而发火，正是因为这样才使我不再纠结于分数，而是回过头来重新开始新一轮的学习。首先要反省自己的错误，才能够继续专注于学习。不管什么时候，只要想到妈妈在身边支持和帮助自己，就算学习再累我也觉得很安心。”

在解决完问题之后，艺珍给我写了这么一封信。

## 向孩子表露自己的心迹

当晚霞映照在操场上的沙堆上时，我在校园里遇到了下班的父亲。正玩着泥巴的我一溜烟地跑到父亲的跟前，伸出沾满泥巴的小手对父亲说："爸爸，给我一百元钱。"父亲爽快地在裤子口袋里掏出钱放到我的手中。对我来说，父亲就像泰山一样伟大。

我曾经和父亲一起去看过房子，那是在我大学的时候。不知道为什么那天看到父亲伛偻的背影，我感觉格外心酸。直到现在，那天父亲低垂着头的样子依然深深地印在我的脑海中。

“你觉得怎么样？搬到这个地方可以吗？我还挺满意的。”

代替母亲来陪我看房子的父亲看了下房子的情况，问我有什么意见。母亲那段时间身体状况不太好，看到母亲的病情恶化，父亲的心里其实很难受。当听到父亲问我有什么想法的时候，我没有回答，眼泪却忍不住流了下来。

“怎么了，是不是对这里不满意？不然我们还是去之前看的公寓吧，虽然有点小负担。”

我并不是因为房子而哭的，但是又说不出口是因为觉得父亲太可怜了才哭的。我总觉得对父亲说那些话好像是不应该的。在成长的过程中，我很少向父亲敞开心扉，也很少说我自己的意见。

就是这样的我却经常询问艺珍的意见。艺珍经常苦着一张小脸回答我的问题，虽然和我预想的答案不一样，但是看到艺珍在这一点上并不像我，所以心里很高兴。

“你觉得衣柜放在哪里比较好？”

“嗯，最好挡着窗户。因为外面汽车的声音太大了，这样就可以阻挡噪声了。”

那是在艺珍上幼儿园的时候，我们搬到了新家，听到艺珍的话我感觉很新奇。

“那样的话，阳光就不能进来了啊，房间会很暗的。”

“可是太吵了。妈妈，你觉得哪个比较好？是阻挡噪声，还是让阳光进来？”

为了缩小和艺珍之间的高度和距离，我费了很多的心思，会经常听她的想法和意见。但是在艺珍升入高中之后，经常宣布说自己想染头发、烫发、打耳洞等，那段时间让我很头疼。或者是将校服里面穿的 T 恤套在外面，每次都会和其他的孩子打嘴仗。每当这时候，以前从艺珍身上体会到的幸福感就荡然无存，她那毫无顾忌的言语和行为让我非常慌张。在我们那个年代，校服要熨烫得平平整整，规规矩矩地穿在身上。所以看到现在的孩子，我感到非常惊讶。

“烫发？染色？这也可以吗？”

“当然了，妈妈！很多人都把头发烫了。”

“是吗？我没看到啊。谁烫了头发去学校啊？”

“同学们都把头发给烫了，你不也看见了嘛。很多学生都烫了波浪卷啊！”

“没错，我是看到过一两个学生烫发。那你想烫什么样？”

我觉得自己实在是没有办法了，忍不住开始生起气来。

“稍微能烫一点就好了，我还想打耳洞。”

“不要再说了，这绝对不行。”

“为什么不行？妈妈，你觉得我现在还有什么乐趣吗？我也要有一些自己的乐趣才行啊，但现在什么乐趣都没有。就像妈妈所说的那样，如果学生活得像人样的话就考不上大学，但是至少要给我们一点基本的乐趣啊。难道妈妈希望我沮丧地过完学生生涯吗？现在我们就只有这点乐趣了。难道妈妈会允许我交男朋友吗？或者答应我加入明星粉丝俱乐部吗？所以您就答应我吧。”

可以说，艺珍直接对我下命令了。于是我收起惊慌的情绪，以增加学习量为条件，答应她可以烫头发。之后艺珍又向我要求了几次，没办法最终答应了她打耳洞，但条件是只能在放假的时候戴耳钉。

现在回想一下，我并不确定烫发和打耳洞是不是在一定程度上给艺珍带来了乐趣。但是艺珍为了缓解自身的压力懂得与妈妈妥协，对于这一点我还是很满意的。

我对艺珍比较严厉的时候，她的话会明显减少。但是在艺珍面前稍微出现失误或者是开玩笑的话，她的反应就比较积极。有一次，她毫不犹豫地向我说自己的同学为了去参加聚会是怎么骗妈妈的。

虽然有时候看到艺珍在父母面前没大没小会有些后悔，但是我觉得这仍然要比不知道孩子的想法，不知道孩子喜欢谁，甚至不知道孩子是个什么类型的人要好得多。我不想错失倾听孩子梦想的机会，虽然她的梦想很多且复杂，但是对孩子来说依然是美丽而珍贵的。

我认为，大人应该接受孩子的想法。如果大人觉得只有自己的想法才是正确的，那么很容易将孩子封闭在自己的世界中。虽然一些家长一辈子都活得堂堂正正的，但是却没有真正和子女进行对话的机会。父母要向孩子敞开心扉，只有这样，孩子才愿意向父母吐露心声，逐渐成长为一个健康、积极向上的人。

特别是对于自己孩子的学习来说，向父母倾诉自身所遇到的问题并寻求解决方案是非常重要的。因为孩子心情舒畅，是学习最基本最重要的条件。

我母亲对我发火的时候总是说“你这个小祖宗”，听到她的话我就能知道“虽然我不是一个坏小孩，但行为却是不正确的”。母亲平时总跟我们说言语会变成习惯，一定不要说脏话，因此她对自己的言语也很注意。每当听到母亲在生气的时候说“你这个小祖宗”，我就感觉和妈妈之间的距离感消失了。也许正是因为这样，在听到母亲倾诉的时候才会毫无排斥感。

由于现在每个家庭的孩子比较少，所以家长对孩子一般比较宽容。虽然这也是导致一些孩子没有规矩的原因，但是对于独生子女来说，如果父母生气或者发火的话就要自己一个人来承受，内心的压力非常大。所以在我发火的时候，我会尽可能地采用和母亲相同的方法。

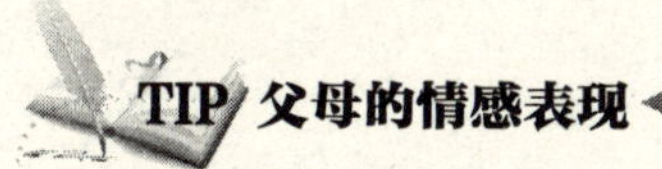

### TIP 父母的情感表现

父母在处理与孩子相互作用过程中产生的矛盾和压迫感时，有权利对孩子的行为发火。由于孩子的行为而产生冲突或者愤怒的时候，父母不要压抑自己的情感，要将自己的真实情感表现出来。

没有必要抱有负罪感或者是歉意，要让他们知道大人也有发火的权利，父母的情感状态要用语言表达出来。

这样在不攻击子女人性的前提下，还能表达出父母的情感，因此是非常有效的。

《训练中心 父母教育》李淑，禹熙静，崔真雅，李春雅合著

权威主义（父母一代）和脱权主义（子女一代）

权威主义过度的话，就容易将所有的问题通过压抑和非民主的形式进行表决，从而忽视个人的自主权。

脱权主义过度的话，有可能会威胁支撑和引领家庭与社会的正当权威。

青年时期的压力类型

（1）过度竞争带来的内部和外部压迫感。

（2）预定目标失败带来的挫折感。

（3）对未来的不安。

（4）面临人生重要选择时内心的矛盾。

（5）人际关系中带来的排斥感和孤立感。

《青年时期的矛盾和自我理解》金爱顺著

## 49 分好过 100 分的理由

致亲爱的艺珍：

艺珍，妈妈希望你能够成为一个即使得到 49 分仍然感到满足的人。只要你尽自己最大的努力学习了，就算得到 49 分妈妈也觉得比 100 分强。妈妈知道你为准备这次考试付出了很大的努力。为了解决不懂的问题一直查找资料到很晚，为了战胜瞌睡在眼皮上贴上透明胶带，不停地在担心自己的未来，甚至休息的时候还在为了学习心烦。就算这次考试只得了 49 分，可是在妈妈心中你得了 100 分。虽然得满分是一件值得祝贺的事，但是只要你尽了自己最大的努力妈妈觉得就应该给予表扬，49 分只不过是一个分数而已。

艺珍，我们假设有个人将登上山顶作为自己生活的目标。他登上过世界上最高且没有人去过的险峻高山，但如果他心里觉得自己比别人优秀而洋洋得意、骄傲自满的话，那么是不值得别人羡慕的，反而那些没有登上山顶却付出努力的人更加让人尊敬和羡慕。因为自满的人是没有目标的。

虽然你羡慕自己的同学不仅会学习还会玩，理解能力、应用能力、社交能力等都很优秀，甚至连身材都很好，但是妈妈的想法却有些不同。因为那个同学没有机会去了解那些比自己弱的人所付出的努力。

在我和你一起去过的那所图书馆入口，看到那位读书的老奶奶，我们当时不是很惊叹吗？我觉得那位老奶奶真的很美。虽然她那满是皱纹的手上没有任何的首饰，只是拿了一块干净的手帕，黝黑的脸庞没有化妆，只是戴了一副眼镜，但是你看到她的样子是不是很令人钦佩呢？那位老奶奶并没有因为自己上了年纪而放弃希望，变得悲观，而是在学习东西，从她的身上我们可以看到希望的魅力和伟大。

如果在社会上取得成功的人贬低平凡人的想法，那么就没有必要去羡慕那个人的成功。因此从社会标准来讲，你今天所取得的 49 分是值得给予掌声的。如果一个人带有先入为主的观念，就会经常给别人造成伤害，因为本人不知道自己到底做错了什么。这种人对世界的理解不够深入，却经常产生一种错觉，觉得自己知道的很多。我觉得是时候向学校要求开设一门体验失败的科目了。因为通过失败来回顾自己的曾经，让自己变得更加谦逊的话，就会懂得如何去理解别人。

看到接受私人教育的孩子能够做出很难的试题，你问我到底要怎么办。你从基础知识开始认真学起，将课本上的所有问题都理解透彻，但是出现难度更大的问题时仍然做不出来，只能一个人默默地流泪。但是我从来没有想过让你接受私人教育。上次你跟我说，“同学解答问题的方法和我不一样，解答问题也是有要领的，我想知道这些要领”，但我却不想让你知道要领。你每一天都在学习，为了解决一个问题要查找很多的教科书和参考书，有时候急得脸都红了。当看到你为了赶走瞌睡，将漂亮的长发绑在椅子后面，并且在眼睛上贴着透明胶带的时候我非常惊讶，在我心里已经给你打了 100 分。可能今天的 49 分对你来说太残酷了，当看到站在玄关处不停流眼泪的你时，其实我的心里还抱有一丝侥幸。

我丝毫没有让你按照我为你铺好的道路前行的想法，这就代表你要自己走过一段荆棘之路。虽然江南周围有很多有名的补习班，但是我没有想过将你送到那些地方。与其让你学会解答难题的要领，我更希望有一些问题即使你查找所有的课本依然找不出答案。因为与接受私人教育进入最好的大学相比，我更希望你能够依靠自己的努力编织出一个美丽的人生。我更担心的不是你努力了成绩却不好，而是学会要领之后就不再认真对待今后的人生。因此，你就把今天的成绩看成和你的体重一样，任何时候都有可能发生变化，我希望你能把今天当作是反省自己的一次机会。

想一想登上山顶的时刻，虽然有些路是景色最美，人走得最多的，但是其他的路也很多。如果选择一条没有任何人走过的新路，那么肯定会很累，花费的时间也比较多。但是在这条路上你可以看到别人看不到的小泉眼，以及怀里抱着橡子的松鼠等，而且还可以闻到其他任何地方都闻不到的薄荷香。

妈妈更希望你成为一个经历过各种苦难并依靠自己的力量掌握自己生活的人，而不是一路走得过于平坦和顺畅的人。因为没有经历过艰难困苦的人很难去理解别人。这次的事情会让你心胸更加宽阔，内心更加坚强，所以不要再因为 49 分而掉眼泪，要展开笑容去面对未来的一切。

现在你想象一下，自己是一位 70 多岁的老人，偶然间遇到了学生时期在各个方面都很优秀的同学。经过一段时间的交谈，你会发现自己的笑容要比那位同学更加轻松和舒畅，因为你比她更能够理解别人的伤痛。

有一句俗语说“给难看的孩子一块糕，给漂亮的孩子一棍子”，你听到之后反问我“那么让孩子接受私人教育的父母都是因为不爱孩子才这样做的吗？”我只能说，这是父母对教育方式的选择。与其取得好成绩，我更希望将你培养成为了取得好成绩而甘愿付出努力的人。当听到你说我是不是为了节省教育费才让你吃这么多苦时，我感到很伤心，关于这一点只要你看一下我为了让你完成世界旅行而以你的名字存入存折里的钱就可以知道了。还有，我是你的亲生妈妈没错。

高一期中考试数学得了 49 分的那天

妈妈

## 爸爸的公司

“妈妈，我可以加入‘光电（god）组合’粉丝俱乐部吗？”

艺珍从学校回来的时候，我正在做晚饭，她对着我的背影说。

“你为什么想加入啊？光学习就已经很忙了，还想加入明星俱乐部吗？这样会妨碍学习的。”

听了艺珍的话，我感觉自己又多了一个需要解决的问题。对于艺珍的变化我完全抓不住头绪，不知道该怎么回答，心里非常郁闷。

“听说我们学校全校第一名的庆民也加入了粉丝俱乐部，看庆民就可以知道这是不会妨碍学习的。庆民上个周六去了‘光电’秀场，一直向我们炫耀是爸爸妈妈给他买的票。”

现在不只是孩子之间相互比较，父母们也喜欢站在其他父母的队伍之间进行比较。

“好吧，让我想一想。不过你也要好好想一下自己真正想要的东西是什么。为了实现你当医生的梦想，加入‘光电’粉丝俱乐部到底是不是正确的？”

“我不是说了吗？学习那么好的庆民都没有问题。”

站在父母的立场上看，孩子做一些学习之外的事情很让人不安。因为我知道艺珍的自制力不强，一旦答应她就很难继续集中精神去学习，或者成绩会出现很大的波动。正是因为知道这一点，我才不能答应她。而且一旦我答应的话，艺珍就会将其他事情撇在身后，这样我的负担就会更大。但是想到应该让艺珍稍微缓解一下压力，所以我也需要一些时间来好好考虑一下。虽然不知道是不是真的，但是有了学习最好的庆民这个砝码之后，艺珍是绝对不会轻易退缩的。

有时候将一些解决不了的问题暂时放在一边，可能过一段时间之后自然而然地就知道答案了。我提议先给艺珍一些时间让她好好想一想。我要求艺珍仔细考虑是不是真心想做这件事情，而我自己也要作出选择，决定是不是要稍微满足一下艺珍小小的兴趣。我已经能够预想到艺珍的心理会出现波动，成绩也很可能会下降。因为加入粉丝俱乐部的话，需要随时确认邮件，为了参加公演而占用学习的时间。但更大的问题是如果艺珍真心想加入粉丝俱乐部的话，就应该答应她的要求。因此，我采用了比较传统的方法。

我没有跟丈夫打招呼，直接跟艺珍说一起去爸爸的公司。

“为什么要去爸爸公司？”

“惊喜，今天就给爸爸一个惊喜，和爸爸吃完晚饭之后再回来。”

艺珍虽然犹豫了一下，但还是乖乖地跟着我去了。我们下午 3 点左右从家里出发，去了丈夫的公司。丈夫在建筑公司上班，需经常待在建筑工地现场，由于所有的人都穿着统一的工作服和工作鞋，头上戴着安全帽，所以在这么多统一着装的人里找出丈夫很不容易。我将艺珍带到施工现场附近，让她在正在工作的人群中找到爸爸。因为正值盛夏，就算到了下午 5 点，天气依然热得让人受不了。

“妈妈，你给爸爸打电话吧，就说我们来了。”

“好吧，那你先仔细找一下爸爸。”

“可是爸爸应该不会这样全副武装地来回走动的啊。”

也许是听到我说话的语气，她已经料想到了我的意图，因此语气生硬地对我说。但是当看到接到电话之后跑过来的爸爸也是一身工作服，头上戴着安全帽，大汗淋漓，艺珍感到很吃惊。因为平时只看到爸爸早上穿着西装去上班的样子，所以有这样的反应在我的意料之中。

“有什么事？还专门跑到这里。你们先等我一会儿。从这里下去有一家汉堡店，到那里去等吧。”

在等爸爸的时候，艺珍的样子看起来和之前有点不一样了。

“妈妈，为什么爸爸也要穿着工作服？”

“在工地现场工作当然要穿工作服，你不知道吗？”

“不知道，我还以为爸爸一直待在办公室呢。”

从那天以后，为了制止艺珍加入“光电”粉丝俱乐部我准备了很多说辞，比如说“想想爸爸，你还能说出这样的话吗？爸爸也不能随心所欲地做所有自己想做的事，为了你，爸爸工作多辛苦啊！”等等。艺珍却再也没有提过想加入粉丝俱乐部的事情。

之后，我专门问了艺珍这件事。

“很明显，妈妈是想通过这种方式让我断了加入粉丝俱乐部的念头，所以我才放弃了。我也知道那样会妨碍学习，但是现在想想当时没有做成自己想做的事挺后悔的。”

其实没有让艺珍在年少的时候做自己想做的事，我自己也觉得挺遗憾和难过的。

如果不答应她的话，就必须要让她明白其中的缘由，并向她解释清楚，好让她能够明白妈妈的苦心。

### TIP 寻找对策

在和孩子的关系中，当孩子遇到问题时要帮助他们寻求对策，这是一种非常重要的问题解决方法。比如说有想去百货商店的A，B两个小孩和想去游乐场的C小孩，为了让C小孩跟着他们去百货商店，A，B两个小孩引诱C小孩说如果跟着他们去百货商店的话就送给他想要的玩具。那么如何来帮助孩子寻找对策呢？在孩子遇到问题的时候，我们要为他们提供一些有效的方法供其选择，让孩子不断积累经验。

《训练中心——父母教育》李淑、禹熙静、崔真雅、李春雅合著

## 探访目标大学

艺珍进入“英文报纸”班之后，在高二的时候为了写一篇名为“大学探访记”的随笔，参观了延世大学和高丽大学。为了感受大学的沿革和未来，以及氛围，需要在大学里度过周六这一天。

因为要度过一整天，势必会妨碍学习，所以一开始的时候我是不太赞同的。但艺珍却完全将我的意见抛在脑后，怀着激动的心情与同学一起去了。

“这段时间艺珍太辛苦了，你就当是让她缓解一下压力吧。”

看着坐立不安的我，丈夫劝慰我说。但是一想到即将到来的期中考试，我还是放不下心来。本来艺珍的吼叫和烦躁的态度已经让我很难受了，我想正好趁着这次机会好好教训她一下，于是在家里等着艺珍的归来。

“只有她辛苦吗？我也很辛苦啊！拽着别人走要比被拽着走更辛苦，不是吗？”

趁着艺珍不在家，我忍不住向朋友大吐苦水，那段时间压抑的心情一下子爆发了出来。

“是啊，我也是整天累得要死。快点从这片沼泽中逃出来才能喘口气啊，不然的话真活不下去了。”

朋友的孩子和艺珍同一个年级，可以说我们俩是同病相怜。艺珍不在的时间，我们两个人在家聊了很多，想舒缓一下内心的压力。

艺珍说要和同学一起照大头贴，吃过晚饭之后再回来，向我要了一些零用钱。我想她应该不会那么早回来，谁知在我们正准备吃晚饭的时候艺珍却突然回来了。艺珍从外面进来就说他们一直从位于新村的延世大学走到位于安岩洞的高丽大学，现在肚子特别饿，要我赶快给她盛饭。

“怎么这么早就回来了？”

好像得到了意料之外的礼物似的，我高兴地迎接艺珍。看着艺珍的样子，再想到之前打算教训她一下，我心里突然有点歉意。

也许因为早上的唠叨有点伤了艺珍的心，她眯着眼睛对我说先去洗手。

“怎么样？去大学之后有什么感受？”

吃晚饭的时候，我问艺珍。

“真是太棒了！学生们都很酷，学校也很壮观。”

虽然只是简单的回答，但却很好地传达了艺珍的感受。

“当然会很棒，你觉得什么地方棒呢？”

“那些学生不仅学习好，长得也很好。从他们脸上可以感受到学习好的人内心散发出来的自信，而且大学的建筑和高中很不一样，看起来很雄伟且散发出一股古色古香的味道。学校看起来要比想象中的更大更宽阔。”

我知道这种心情。

“是吧，所以妈妈才让你好好学习啊。”

“妈妈，虽然我心里很想上大学，但是亲眼看过之后却觉得有点害怕。那么多大学生都是得到那么高的分数才来到这里的，想到这里我觉得自己好像是只井底之蛙。特别是还穿着校服去的，感觉自己好狼狈。”

因为是学校组织的活动，所以必须要穿着校服去。

“其实我这段时间感觉筋疲力尽的，又累又厌倦便忍不住想是不是一定要这么辛苦地学习，所以想找到一条比较简单的路。最近在学习方面好像很不顺心，身体非常累，总忍不住想要睡觉。但是一想到大学里的那些大学生都是和我一样，战胜了这段艰苦的岁月才最终进入了大学，觉得自己的心好像太脆弱了。所有人都是战胜了辛苦和艰难才拥有现在的生活，不能只看到别人光鲜的一面。我暗暗下定决心一定要考上大学，变得和他们一样自信有魅力，所以便不愿意继续待在外面就回来了。”

艺珍的话在我的意料之外，听了之后我的心里很激动。艺珍平时学习的时候经常犯困，问她话也不回答，而且很容易生气，现在看来这趟大学之行让她感受和明白了很多。

当孩子对学习失去兴趣，对学习厌烦或者是学习效率不高的时候，可以让他们去自己理想的大学看一下，对今后的学习会非常有帮助。你将会看到一个充满斗志，激情高涨的孩子。

**TIP 提前掌握招生信息**

需要提前打听目标大学的招生信息。每个大学选拔提前批考生的要求和考试日期都是不同的，如果到高三才开始收集这些信息的话，很难有充足的时间去准备考试所要求的科目。

## 妈妈的信任能够培养出内心坚强的孩子

让孩子在家里学习的话，妈妈需要给予孩子足够的信任和关爱，不要对孩子有过高的要求。因为妈妈的付出会成为孩子前行的力量，没有这些，孩子是很难取得成功的。

回顾和艺珍一起度过的时间，我深刻地体会到妈妈有多重要。因为艺珍会按照妈妈的决定来行动。事实上，在那段时间我动摇过也不安过。在临近高考的时候，我几乎吃不下任何东西，觉也睡不好。在艺珍高考的时候，我一直站在考场外无法离去。最大的不安就是，由于我的原因孩子所受到的创伤。

艺珍的成绩一直不是很好，升入高中之后虽然悄悄地对我说过想去补习班，但是我一直没有让她去。因为我觉得，如果艺珍认真学习的话，没有必要非得去补习班。但是一想到艺珍可能会因为高考成绩不好而受到伤害，我就非常自责。

现在回过头来看，我不禁问自己当初的决定到底是不是正确的。艺珍的梦想是成为一名医生，但是却没有考上医科大学，只是进入了自己理想大学的生命科学专业。我问自己，如果当初将艺珍送入补习班，是不是她就可以考上医科大了。

不过，我又重新确认了一件事情，那就是我更希望艺珍成为现在的样子，而不是考入医科大学的艺珍。现在的艺珍要比任何人都谦逊，和一般的独生女不一样，她会想着照顾并理解别人。因为在自己学习的过程中，她变得越来越有想法，对事情会有自己的见解。这不正是成为医生所必需的条件吗？

如果您是一位希望孩子自己学习的妈妈的话，必须要怀着如同种树一样的心情。随着岁月的流逝，小树的树干不断变粗，年轮不断增加。在这一过程中，小树虽然会受到风霜雨雪的侵袭，但是在太阳的照耀下将会更加茁壮成长。孩子也一样，只有经历了各种艰难困苦才能逐渐长大，更好地去面对今后的人生。

虽然有很多种方法能够让孩子成长得更壮、更高，但是在家里学习绝对能够更好地促进孩子的成长。这个时候只要妈妈在最初不抱有一定要孩子取得好成绩的心态就行了。如果像艺珍一样比较普通的孩子在家里自己学习的话，不能期望他们的成绩一下子变得很好。艺珍的模拟考试分数经常会让人感到绝望，高中综合评审考试也比初中的时候退步很多。我那段时间整天提心吊胆的。在这一过程中，艺珍经常会喊累，甚至还反抗过。

不知不觉间艺珍的个子长高了，说话时为了看着她的眼睛我甚至要抬起头，但是在我的心里不管什么时候她都是一个孩子。如果艺珍早上上学时背着的书包中盛满绝望的话，我会重新在里面装满希望，但是晚上放学回来时她的书包中总是再次盛满绝望。看到艺珍的样子，我觉得她就像是一个迷失了方向、四处徘徊的小孩子。对于这么小的孩子来说，用一次考试来决定他们的将来是一件很难承受的事情。

艺珍想去的医科大学要求的分数特别高，考上的可能性非常渺茫。但就算这样，平时我依然会称她为“金医生”。艺珍总是因为自己的成绩不够好，成不了医生而烦恼，可是当听到我说“我相信你会成功的，妈妈会不停地为你祈祷”时，从她的背影就能够感觉到她的自信心油然而生。妈妈的信任为她带来力量。

意识到艺珍是这种类型的孩子之后，在考试成绩出来的那天不管有任何事情我都会安慰她。就算是等到第二天再发火，但是在分数出来的那天我会小心翼翼地看艺珍的眼色。如果她考试的成绩不好，心里会很难受，不知道明天该学习什么。艺珍看着课本睡着了，我发现她的眼角竟有泪痕。在那一刻我才知道，就算是信任她、拥抱她、给她买好吃的东西或者哄她睡觉，都不能抚平孩子心中的伤痛，孩子要比妈妈更加难过。

我问艺珍，“成绩只是暂时的，只要努力学习会慢慢好起来的，为什么要这么难过呢？”她说，“走到学校每当看到那些成绩好的同学的时候，就感觉自己太狼狈、太丢脸了，还不如放弃不学了”。

艺珍说自己第一科考试的时候就考砸了，在考第二科的时候发现第一道题就不会做，当时就不想考了，想着干脆从座位上起来踹开门出去，不管去哪里都好，只要能离开考场这个地方。听到艺珍的话，我突然觉得对于这么小的孩子来说真的是太辛苦了。

其他动物出生之后很快就会走路了，但是人需要长到 18 岁才算是成人。妈妈们需要意识到这一点。就算是老师觉得孩子过于淘气妨碍课堂秩序而对孩子进行批评，或者是收到学校的通知书说孩子的阅读量不足，理解能力较差，只要妈妈不执着于成绩并以一颗宽容的心来看待和要求孩子的话，那么孩子一定会健康成长，不因任何苦难而动摇，最终成长为一个内心自信坚强的孩子。

# 尾　声

## 羞恶之心

“为什么不把孩子送到补习班呢？”

艺珍升入初中没多久，她的班主任老师就把我单独叫到了办公室。

“我想教给她自己学习的方法，艺珍从小学的时候开始就一直按照我的教育方式来学习。”

听到老师的话，我的心里很慌张。看着老师担心的眼神，那一瞬间我突然觉得我是不是脱离了社会的大潮流。

“还好，您还知道自己家存在一些问题。”

这就是老师的回答，我能感觉到她心里的疑惑。

在回家的路上，我感觉自己的脑袋好像是被锤子狠狠敲打了一下似的，丝毫提不起精神来。现在如果不让孩子接受私人教育的话，别人就会觉得要么是家庭有问题，要么就是父母对孩子的学习不上心。对于这一点，我感到非常吃惊。

在当前的社会中，是不是能够找到教学质量好且有名的补习班已经成为衡量父母能力的一个方面，孩子不接受私人教育就会被看成是有问题的父母，对这一现实我心里很不是滋味。孩子的教育已经和经济力联系在一起了，从这一点上来说，我的教育就显得黯然失色。

那天我对艺珍说明了我对教育的看法。学习成绩并不是一下子就能够提高的，当出现不懂的单词时需要查字典，有不明白的内容时需要翻阅书籍资料，为了解决不懂的问题需要有熬夜的准备。

“强制性地将马牵到河边喝水，与在去之前先对其充分说明水的重要性和必要性，然后告诉它到河边的方法之后让它自己去，这两种方法哪一种更快呢？”

虽然艺珍自己也认为和妈妈一起学习比较好，但是为了避免老师和同学问她相同的问题时而感到不知所措，我对她说明了其中的缘由。

在艺珍高三的时候，班主任老师单独找了我一次。我不禁再次产生了一种人为刀俎、我为鱼肉的心情。去之前我已经准备好了说辞，那就是我自己并没有什么问题，而且我们应该要相信孩子的可能性。但是去了之后才发现班主任老师是为了向我请教方法的，她自己有两个上小学的孩子，也想和艺珍一样让他们自己在家里学习。虽然这一状况有点出乎我的意料，需要花费一些时间将大概的情况说清楚，但是我这次要比对之前的那位老师说得详细得多。

艺珍考上大学之后，以前那个淘气又散漫的艺珍已经完全不见了，开始懂得为别人着想了。在我们所住的公寓入口处有一位卖菜的老奶奶，不管是 30 ℃的炎夏还是零下 10 ℃的寒冬，一直雷打不动地待在那里。艺珍经常专门去老奶奶那里买些菜回来。将艺珍的行动看在眼里，我发现艺珍在辛苦学习的过程中内心也跟着一起成长了很多。似乎在强调正确的学习方法过程中，艺珍的心态也越来越端正。

每当新闻中出现关于私人教育的弊病时，我都能感受到希望子女成才的父母和子女之间的距离。虽然国家政策出台了很多有关教育的应对方案，但是我认为必须要从学习是与自己的战争这一方面来寻求教育的应对方案。特别是要提出在没有经济实力为后盾的情况下孩子可以成功的方法，以及就算是相对比较困难且花费时间较多但适合孩子的正确的教育方法。

我曾经不止一次地担心过，如果因为我的教育方法导致艺珍没有考上大学，致使她怨恨我甚至是怨恨社会的话要怎么办。想到因为成绩提高不上去而垂头丧气、筋疲力尽的艺珍，我的心里动摇过很多次。但是最终艺珍进入了自己理想的大学，这就证明我的教育方法是没有问题的。

“妈妈，我有自信不管出现多么难的问题我都能做得出来。”

这段自己学习的经历让已经成为大学生的艺珍越来越自信，她告诉我她对于未来的不安和恐惧已经逐渐消失了。收到大学通知书的那一刻，我和艺珍兴奋地高声尖叫起来。我心里想，这真是万幸。

梅雨没日没夜地下了好几天，今天天气终于稍稍放晴了。窗台上摆放的薰衣草受到湿气的压迫，不断散发出香气。现在的艺珍就像薰衣草的香气一样，不管遇到任何的难关都能够克服。就算是和朋友吵架也不会责怪别人，而是将其当作回顾和反省自己的一次机会，而且为了学习还没学过的专业科目会自觉地熬通宵。艺珍会毫不犹豫地帮助那些拿着沉重行李的陌生人，并在网上添加了教授为好友，努力和教授维持良好的关系。

现在不管艺珍今后要走的是荆棘之路，还是华丽的康庄大道，都是她自己的事情了。但是我相信，不管选择哪一条路，她都能克服一切困难最终迎来光明。

两年前因疾病去世的父亲曾经说过，养孩子就像是种树一样。

“只有精心照顾树木才会茁壮成长。如果施肥过多树木就会被烧死，浇水过多树根就会腐烂。因此不管什么时候都要好好观察它们的状态，毫不吝啬地付出心血。而养孩子和这是一样的道理。”

父亲的话很对。

过多的学习任务会让孩子很累，就好比过多的肥料；父母的不安和过高的期望会给孩子带来压力，就好比过多的水。虽然无法用眼睛看到孩子具体的成长过程，但孩子确实每一天都在成长。父亲的这番话成为了我人生中重要的经验。

将孩子培养成最优秀的人，还是培养成凡事尽自己最大努力的人呢？在这两个选择中我选择了后者，我虽然没有将艺珍培养成最优秀的人，但是却成功地将她培养成对待事情尽自己最大努力的人。